“十四五”全国统计规划教材
国家统计局统计继续教育系列培训教材

住户调查实务

国家统计局统计继续教育系列培训教材编委会 编

中国统计出版社
China Statistics Press

图书在版编目(CIP)数据

住户调查实务 / 国家统计局统计继续教育系列培训教材编委会编. —— 北京 : 中国统计出版社, 2024. 12.
(国家统计局统计继续教育系列培训教材). —— ISBN 978-7-5230-0684-9

Ⅰ. F126.2

中国国家版本馆 CIP 数据核字第 2025SG7829 号

住户调查实务

作　　者/国家统计局统计继续教育系列培训教材编委会
责任编辑/姜　洋
封面设计/黄　晨
出版发行/中国统计出版社有限公司
通信地址/北京市丰台区西三环南路甲 6 号　邮政编码/100073
发行电话/邮购(010)63376909　书店(010)68783171
网　　址/http://www.zgtjcbs.com/
印　　刷/河北鑫兆源印刷有限公司
开　　本/710mm×1000mm　1/16
字　　数/90 千字
印　　张/8
版　　别/2024 年 12 月第 1 版
版　　次/2024 年 12 月第 1 次印刷
定　　价/29.00 元

《住户调查实务》

编写组人员名单

主　　编： 张　毅

副 主 编： 肖　宁　郝彦宏　吴　伟

执行编辑： 邸建亮

编写人员： 丁　胜　马治鑫　马　倩　王　冉

李著凤　刘洪波　连佳佳　肖　林

张嘉佩　尚梦琦　洪富江　袁　璐

徐　鑫　黄润虎　彭丽荃　靳　博

出版说明

统计工作是经济社会发展的重要综合性基础性工作，强化统计基层基础建设，是推动统计现代化改革和高质量发展的一项重要工作，统计继续教育培训是提高基层统计工作人员的业务素质和能力的重要途径，适应统计改革发展新形势新要求，编写统一、规范的统计继续教育系列培训教材尤为必要。

为深入贯彻党的二十大关于“统筹职业教育、高等教育、继续教育协同创新，加强教材建设和管理”的精神，进一步落实《“十四五”时期统计现代化改革规划》关于“编写实用的统计干部培训教材，提高教育培训的针对性、实效性”工作部署，统计继续教育系列培训教材编委会组织编写了《国家统计局统计继续教育系列培训教材》。本系列教材列入“十四五”全国统计规划教材，按专业设置20个分册，涵盖统计在岗从业者应知应会内容，力求贴近统计工作实际，反映工作中遇到的问题并予以解答。在写法上力求创新，具有针对性、适应性、工具性，以案例分析为导向，内容力求简明扼要，通俗易懂，契合统计从业者提高工作能力、完善统计知识结构的现实需求。望此书能为广大统计工作者进一步提升统计工作能力和水平，助力统计现代化改革和高质量发展提供帮助。

本系列教材在编写过程中，得到了国家统计局各单位的大力支持，在此表示诚挚的谢意。

统计继续教育系列培训教材编委会

2024年1月

前　言

住户调查是住户类抽样调查的统称，源自千家万户，关注衣食住行，肩负着监测民生改善状况与收入分配格局、反映党和国家在民生领域重大决策部署落地见效情况的光荣职责与使命，是政府统计工作的重要组成部分。随着经济社会发展和信息技术进步，电子化数据采集和处理手段在住户调查领域得到广泛应用，住户调查的业务流程、组织模式和具体要求与时俱进，持续优化完善，从事住户调查工作的广大统计人员、对调查过程和数据感兴趣的相关读者十分期待从实务角度深入了解住户调查的组织模式、生产过程、口径概念、质量标准和分析要点，从而进一步增强实际工作能力，深入把握和分析数据。

在此基础上，国家统计局住户调查司组织力量编写了《住户调查实务》一书，希望能够全面加强读者对于住户调查的认识，为提高住户调查工作规范性、提升调查数据质量带来有益帮助，也为相关专家学者和社会公众了解住户调查提供近距离视角。

本书共分八章。第一章和第二章简要介绍了住户调查的涵义、发展历程和各调查项目，解释了奠定住户调查基础的主要概念及指标，使读者对住户调查形成总括性认识。第三章至第六章详细介绍了样本抽取和管理、问卷和日记账数据采集、住户调查数据处理及数据质量管理等内容，旨在帮助读者了解住户调查数据生产流程，把握各阶段的工作重点、具体要求和数据质量管理方式。第七章至第八章聚焦数据生产完成后的发布、解读和运用阶段，涵盖数据发布和安全管理、调查数据分析等主题，可以使读者了解数据发布方式、渠道和安全管理要求，提升分析能力。

尽管我们在编写过程中付出了很大努力，但由于水平所限，内容仍难免存在不足，在此恳请广大读者批评指正，以帮助我们进一步改进提高。借此机会，也对全国住户调查人长期以来的辛勤工作和无私奉献表示敬意，民生无小事，枝叶总关情，让我们继续凝心聚力、奋楫扬帆，秉持专业的统计精神，生产出翔实的调查数据，在以统计现代化服务中国式现代化的历史进程中做出更大贡献！

《住户调查实务》编写组

2024 年 11 月

目　录

第一章 住户调查概述

第一节 什么是住户调查

住户调查是以住户及其家庭成员为调查对象，以家庭和个人的生产、生活情况为主要调查内容，以抽样调查方式组织实施的统计调查活动。住户调查是一种重要的人口、经济社会资料收集手段，由于调查方法灵活、调查内容丰富、调查结果用途广泛，《联合国住户调查手册》将其定位为“数据收集最灵活的方法之一”。

一、住户调查的内涵

住户调查是住户类调查的统称，在本书中主要指国家统计局住户调查司（以下简称住户司）负责组织实施的国家住户调查项目，具体包括：住户收支与生活状况调查、农村住户固定资产投资抽样调查（以下简称农户固定资产投资调查）、脱贫县农村住户监测调查、农民工监测调查、农民工市民化进程动态监测调查等，共同构成一个多主题的住户调查体系。当然，从广义上来说，人口变动情况调查、劳动力调查、时间利用调查等统计调查项目通常也是以住户及其家庭成员为调查对象，也属于住户调查的范畴。

住户调查能够全面、准确、及时了解全国和各地区城乡居民收入、消费及其他生活状况，是获取家庭和个人社会经济数据不可或缺的重要途径。一是当前我国约有 4.9 亿户居民家庭，群体规模庞大、地域分布广泛，由于调查成本过高，无法通过全面调查的方式了解全体居民收入和消费状况。二是居民家庭收支情况各异，典型调查可以收集的信息有限，无法有效推断总体，不能满足政策制定和公共服务的数据需求，也难以客观反映共同富裕等重大战略部署实现进程。三是从行政记录和社会大数据现状看，当前普遍存在仅覆盖部分群体、数据质量难以保证、不符合国际可比的统计标准、很难对接基于户和人的微观层面数据等问题，尚不能成为反映居民收支总体情况的主要数据来源。因此，住户调查是政府统计调查体系中不可或缺的组成部分，采用抽样调查方法，通过调查户记日记账和定期开展问卷调查相结合的方式采集数据，是综合考虑调查成本、组织方式和总体代表性等多重因素后的最佳选择，也是当前国际主流的通行做法。

二、住户调查的特点

住户调查立足我国地域广阔、人口规模大、人口流动频繁等基本国情，在深入总结多年实践经验的基础上，持续吸收借鉴国际统计标准和先进调查方法，不断发展完善。概括起来，主要具有以下特点：

调查方法科学规范。住户调查在方案设计上全面对接国际标准规范，收入指标主要依据国际通用的住户收入统计堪培拉标准进行设计，消费指标设计遵循联合国统计委员会《按目的划分的个人消费支出分类标准(COICOP)》，从指标分类和内涵上做到了国际可比。此外，还参考了《联合国住户调查手册》、国民经济核算体系 SNA2008 等相关标准和国际通行做法，使住户调查更加严谨规范。

组织实施体系健全。住户调查涉及国家、省、市、县、村各个层级，由国家统计局统一领导，国家统计局各调查总队(以下简称总队)、市县统计调查机构分级组织实施，现场数据采集主要由国家统计局各直属调查队及部分县(市、区)统计局的住户调查人员和选聘的辅助调查员根据统一的调查方案和工作流程规范开展。

多主题统一抽样。住户调查样本抽选以保证样本代表性为目标，以人口普查资料为基础，构建了全国统一抽样框，采用科学方法抽取满足多主题调查需要的住户类调查样本。在统一抽样的基础上，实现各专业调查内容的有效整合，通过样本基础信息共享、分专业组织调查，切实减轻基层负担，提升调查工作质效。

数据采集内容丰富。住户调查采用日记账和问卷调查相结合的方式采集基础数据，调查内容涉及百姓生活的方方面面，既包括工资、养老金等各项收入来源，又包括衣食住行等各类消费去向，还包括反映居民生活水平的其他相关指标。此外，也关注农民工、脱贫县农村居民等重点群体的相关情况，数据采集内容包罗万象、十分丰富。

依法调查严控质量。住户调查过程严格遵守统计法律法规，依法依规采集、处理、报送调查资料，坚决防治统计造假弄虚作假。实际工作中实行全过程数据质量管理，建立了《住户调查实施过程数据质量管理工作规范》《住户调查源头数据质量核查办法》等一系列调查制度规范，明确各级职责任务和调查各环节质量要求，为规范开展住户调查工作提供制度遵循。

三、住户调查的作用

党的十八大以来，以习近平同志为核心的党中央始终坚持以人民为中心的发展思想，把保障和改善民生作为中国式现代化的重大任务。住户调查是与人民群众生活联系最紧密的一项调查，调查对象覆盖千家万户，调查内容反映民生民情，调查结果是反映民生状况、监测共同富裕进程和制定宏观政策的重要基础。

客观反映民生改善效果。住户调查涉及城乡居民生产生活现状和收入消费变化的方方面面，通过住户调查可以了解国家和地方出台的一系列惠民政策在改善民生方面的成效，为各级党委和政府研究制定居民增收政策、调节收入分配结构、统筹城乡和区域发展、制定最低生活保障标准、最低工资标准等提供统计支持。

监测共同富裕实现进程。通过住户调查，可以监测我国居民收入水平是否在持续提高，收入增长速度是否与经济发展同步；可以监测脱贫县农村居民和农民工等重点群体就业、增收和生活状况；还可以监测城乡间、地区间和居民内部的收入差距变化，收入分配状况，中等收入群体规模及变化情况，为实现全体人民共同富裕提供统计数据支撑。

参与其他重要统计数据生产。在直接反映民生民情的同时，住户调查生产的居民收入、消费和农户投资等数据还为国民经济核算、居民消费价格指数、全社会固定资产投资完成情况等数据的生产提供基础资料，在服务宏观调控决策中发挥重要作用。

第二节　中国住户调查发展历程

新中国的住户调查始于1954年的“家计调查”，距今已有70多年的历史，主要经历了三个时期：一是1954—1984年家计调查制度初步形成；二是1984—2012年城乡住户调查逐步完善；三是2012年以来城乡一体化住户调查改革发展。历经多次变革，住户调查内容不断充实和完善，逐步形成了一套比较完整、规范、系统的指标体系和制度方法，实现了从局部到全国、从城乡独立开展到城乡一体化实施、从纸质记账到使用电子化手段采集处理数据等重大突破。

一、住户调查的三个主要历史时期

家计调查制度初步形成（1954—1984年）。新中国成立后，从1953年起，我国开始进行大规模的、有计划的国民经济建设，迫切需要了解全国生产、生活、购买力、货币流通和商品流转等情况。为收集居民家庭的收入和支出及与其有关的基本经济情况，自1954年起开展农民家计调查，1955年起开展城镇职工家计调查，这是我国在统计调查领域对抽样调查的初步应用，但覆盖范围小，调查内容少，调查断续进行，连续开展调查并发布数据始于1984年。

城乡住户调查逐步完善(1984—2012年)。1984年经国务院批准，国家统计局设立专门调查机构。国家统计局农村社会经济调查总队和城市社会经济调查总队成立以后，城、乡住户调查获得了长足发展，调查方法、指标口径逐步与国际接轨。从1984年起，我国的“农民家计调查”更名为“农村住户调查”，调查覆盖800多个调查县，约7万个农村住户样本；“职工家计调查”更名为“城市住户调查”，调查覆盖146个城市和80个县城，约1.5万个调查户样本，2002年改为“城镇住户调查”，调查覆盖476个调查市县、6000多个调查社区、约6.6万个城镇住户样本。1997年，为更全面、客观地反映我国反贫困进程，开始组织开展全国农村贫困监测调查。2008年，为把握农民工发展变化情况，加强和改善农民工工作，开始组织开展农民工监测调查。

城乡一体化住户调查改革发展(2012年至今)。党的十七大提出要以科学发展观为指导，加快构建城乡一体化新格局，为使住户调查更好地服务于党的中心工作，经国务院批准，2012年国家统计局对农村住户调查和城镇住户调查进行了一体化改革。对城乡住户调查网点及样本分布、抽样方法、调查指标、数据采集方式、数据处理、数据发布等进行全面改革，提升国家住户调查能力和数据质量。这次改革充分吸收借鉴住户调查领域的国际标准和成功实践，按照统一指标和口径、统一抽样、统一数据采集和统一数据处理的基本思路，重新设计了一体化的住户收支与生活状况调查方案，建立城乡一体的住户收支调查体系。2013年起，全面实施上述方案并发布全体居民及分城乡居民人均可支配收入和消费支出等数据。2015年，为定期收集农民工在输入地的就业、生活等相关信息，开展农民工市民化进程动态监测调查。打赢脱贫攻坚战后，全国农村贫困监测调查退出历史舞台，为全面反映脱贫县农村居民收支状况、变化趋势和帮扶成效，2021年起开展脱贫县农村住户监测调查。

二、住户调查的发展特点

住户调查工作体制机制不断改革发展，适应了我国经济社会的发展变化。新中国成立后，农民家计调查和职工家计调查应运而生，但是覆盖范围小，调查内容少，调查断续进行。“大跃进”期间，随着农村人民公社化运动开展，农民成为公社社员，参加集体统一组织的劳动，吃饭由集体兴办的公共食堂供给，五保老人住进敬老院，小孩入了托儿所，在这种情况下，农民家庭不再是一个生产单位，也不是一个消费单位，农民收入和消费等情况可以通过公社集体收益分配调查和公共食堂调查取得，因此从1958年下半年起，国家统计局停止进行农民家计调查。随着度过三年国家经济困难时期，农民家计调查工作得到恢复，但紧接着又在1966年“文化大革命”开始后再次中断，直到1977年重新开始恢复。为满足国民经济发展和实现四个现代化需要，1984年经国务院批准，国家统计局设立专门调查机构，分别负责城镇和农村住户调查。为满足城乡一体化调查工作需求，2010年国家统计局组建住户调查办公室，统一负责组织开展城乡住户调查。2012年进一步推动一体化改革，建立了城乡一体的住户收支调查体系。2021年国家统计局正式设立住户司，负责住户调查相关工作。

住户调查指标内容不断调整完善，满足了经济社会发展的需要。从调查对象和指标内容看，1978年以前，由于农户经济结构单一，农村住户调查对象基本上是纯农业户，调查内容主要是以收支为核心的家庭经济活动情况，包含家庭副业、生产情况、收入情况和主要生活消费品、食物消费量等指标，社会指标很少；城镇住户调查基本是在部分大城市主要行业中抽取职工家庭进行调查，调查内容有每日现金收入、支出，实物收入等。1978年改革开放以后，农村开始实行家庭联产承包责任制，农民家庭成为农村社会经济活动中的基本单位，各类生产、生活活动也丰富起来了，于是逐渐增加了一些反映时代变化特点的社会统计指标。

1997 年，为全面反映贫困地区的贫困状况、变化趋势和扶贫成效，增加贫困地区居民收支、生活状况等调查内容。随着越来越多的农民参与非农生产活动，逐步形成一个特殊群体——农民工，为把握农民工发展变化情况，2008 年增加全国农民工规模、流向、分布等调查内容，2015 年进一步增加进城农民工在输入地就业生活（即市民化进程）相关调查内容。

住户调查方法手段不断改进创新，提升了调查数据质量和工作效率。从调查方法看，住户调查是最早引入抽样调查这种国际通用统计方法的专业领域之一，以保证样本代表性为目标，以人口普查资料为基础构建全国统一抽样框，采用科学方法抽取满足多主题调查需要的住户调查样本。从调查手段看，从最初的使用算盘到使用机械计算器和电子计算器，从使用大型计算机到个人微型计算机，从手工记账到电子记账，从纸质账本报送到网络传送数据，住户调查在各个历史发展阶段都是最早应用当时先进技术手段的专业之一。随着信息技术和移动互联网发展，2017 年国家统计局建立统一的住户调查数据采集与处理平台——住户调查应用系统，实现了住户调查数据采集、组织管理和数据质量监管的电子化和网络化，是近年来住户调查数据生产方式的重大变革。目前，全国电子记账率达到 85%以上，电子问卷采集率达到 95%以上，有效提升了调查数据质量和工作效率。

第三节　住户类调查项目简介

我国现行住户类调查主要包括住户收支与生活状况调查（以下简称住户收支调查）、农户固定资产投资调查、脱贫县农村住户监测调查、农民工监测调查、农民工市民化进程动态监测调查等国家统计调查项目，具体由住户司负责组织实施。其中，住户收支调查、农户固定资产投资调查属于国家常规统计调查项目，脱贫县农村住户监测调查、农民工监测调查、农民工市民化进程动态监测调查属于国家专项统计调查项目。

一、住户收支调查

调查目的。全面、准确、及时了解全国和各地区城乡居民收入、消费及其他生活状况，客观监测居民收入分配格局和不同收入层次居民的生活质量，更好地满足研究制定城乡统筹政策和民生政策的需要，为国民经济核算和居民消费价格指数权重制定提供基础数据。

调查对象。调查对象为中华人民共和国境内的住户，既包括城镇住户，也包括农村住户；既包括以家庭形式居住的户，也包括以集体形式居住的户。无论户口性质和户口登记地，中国公民均以住户为单位在常住地参加调查。

调查内容。调查内容主要包括居民现金和实物收支情况、住户成员及劳动力从业情况、居民家庭食品和能源消费情况、住房和耐用消费品拥有情况、家庭经营和生产投资情况、社区基本情况以及其他民生状况等。

调查方法。住户收支调查以省(自治区、直辖市)(以下统称省)为总体进行抽样，综合采用分层、多阶段、与人口规模大小成比例(PPS)和随机等距抽样相结合的方法抽选村级单位、确定调查小区、抽选样本住户。住户收支调查采用日记账和问卷调查相结合的方式采集数据。其中，居民现金收入与支出、实物收入与支出等内容主要使用记账方式采集。住户成员及劳动力从业情况、住房和耐用消费品拥有情况、家庭经营和生产投资情况、社区基本情况及其他民生状况等内容使用问卷调查方式采集。

调查组织方式。国家统计局统一领导住户收支调查，负责制定调查方案，组织调查实施，监督调查过程，审核、处理、汇总调查数据，发布全国城乡居民收入、消费和生活状况数据。各总队负责组织本省调查工作，各级统计调查部门按照调查方案规定，组织实施调查工作，确保调查数据质量。鉴于其他住户类国家统计调查项目与住户收支调查相似，均采用统一领导、分级组织的方式开展调查,以下不再一一赘述。

二、农户固定资产投资调查

调查目的。全面了解农村住户固定资产投资状况,准确反映农户固定资产投资的总量、分布与结构,为各级政府制定农村政策提供基础数据。

调查对象。调查在住户收支调查网点上开展,调查对象是村委会范围内参与住户收支调查的住户。其中,农户投资从住户收支调查资料中取得,农户建房投资在住户收支调查所在村委会内调查所有住户的建房情况。

调查内容。调查内容包括农户新增固定资产原值、农户固定资产投资完成情况、农户建房情况,以及农户固定资产投资的资金来源、投资构成及投资方向等。

调查方法。调查人员到调查村直接访问,并从住户收支调查中取得调查户的基础数据。

三、脱贫县农村住户监测调查

调查目的。根据《中共中央 国务院关于实现巩固拓展脱贫攻坚成果同乡村振兴有效衔接的意见》精神,全面、准确、及时反映脱贫县农村居民收支状况、变化趋势和帮扶成效,客观衡量居民生活改善情况,掌握脱贫县的宏观经济背景和社会发展状况,为科学制定巩固拓展脱贫攻坚成果、接续推进乡村振兴相关政策提供参考依据。

调查对象。调查范围为脱贫县的农村地区。开展调查的省(自治区、直辖市)有 22 个,分别是河北、山西、内蒙古、吉林、黑龙江、安徽、江西、河南、湖北、湖南、广西、海南、重庆、四川、贵州、云南、西藏、陕西、甘肃、青海、宁夏、新疆。调查对象为调查范围内的县以及抽中行政村、农村住户及住户成员。

调查内容。脱贫县农村住户监测调查内容主要包括居民现金和实物收支情况、住户成员及劳动力从业情况、居民家庭住房和耐用消费品拥有情况、家庭经营和生产投资情况、社区基本情况、县(市)社会经济基本情况等。

调查方法。国家统计局在脱贫县建立抽样调查网点。调查采用日记账和问卷调查相结合的方式采集基础数据。

四、农民工监测调查

调查目的。反映农民工数量、流向、结构、就业、收入、生活、社会保障及创业等情况,从宏观上把握农民工发展变化情况,为科学制定农民工政策、加强和改善农民工工作提供统计依据。

调查对象。在全国 31 个省(自治区、直辖市)的村委会范围内开展。调查对象为住户收支调查抽中调查小区和抽中住户的所有住户成员。

调查内容。住户成员基本情况,劳动力就业基本情况,外出从业人员及本地非农务工人员工作条件、收入情况、生活情况和社会保障情况,农村劳动力本地自营和创业情况,农民工子女教育情况,调查小区人口、劳动力及举家外出情况等。

调查方法。通过分层、多阶段随机抽样方法抽选样本,采用调查员上门面访并填报调查问卷的方式,按季度采集数据。

五、农民工市民化进程动态监测调查

调查目的。全面及时反映进城农民工就业、居住、子女教育、劳动保障权益落实、落户以及社会融合等方面情况,为科学制定农民工政策、加强和改善进城农民工工作提供统计依据。

调查对象。调查范围为全国 31 个省(自治区、直辖市)的城镇地域。调查对象为居住在城镇地域范围内的农民工。

调查内容。农民工及随迁家属基本情况,农民工就业、社会融合、子女教育、居住条件、城镇定居意愿等情况。

调查方法。通过分层、多阶段随机抽样方法抽选样本，采用调查员手持电子终端（PAD）入户面访的方式，每年采集一次数据。

第四节　住户调查工作职责分工

住户调查工作涉及国家、省、市、县、村等多个层级，各级统计调查机构及其业务人员、调查员和辅助调查员具有不同的工作重点与相应职责，需要各司其职，密切配合，共同做好各项工作。

一、各级统计调查机构职责

国家统计局统一领导住户调查工作，负责制定调查方案、样本抽选方案、数据质量管理及数据处理相关的各类制度与规范，组织抽取调查小区和住户样本，搭建全国统一数据采集处理系统，在全国范围内组织实施调查，监督调查过程，牵头开展并指导各地审核、处理调查数据，汇总、发布全国数据，做好数据分析报告。

各总队负责落实国家调查制度，在本地区组织开展住户调查工作，可根据实际需要细化相关流程规范，进一步明确工作要求。要按照制度规范统一抽取和落实住户样本，抓好调查组织，强化工作监督，培训指导市县统计调查机构做好样本管理、数据采集和处理，审核、汇总、上报并按时发布本地区调查数据。

市县级统计调查机构负责按照住户调查方案和有关工作规范配合开展样本抽选，做好日常样本管理，具体实施现场调查，通过健全调查工作制度，严格调查员和辅助调查员的选聘和管理、建立调查对象基本情况台账、开展数据质量核查等措施提升基础工作规范性，加强数据质量管理，强化数据审核，做好汇总、上报等工作。

二、调查员调查职责

调查员指直接从事住户调查数据采集处理相关工作的市县级住户调查业务人员、赋予相关职责的乡镇(街道)统计人员、聘用的专职调查员等。

调查员负责落实和维护调查样本,按时开展年报和定期报表问卷调查,经常指导调查户记实记准日记账,对调查取得的问卷和日记账数据进行编码、录入和初步审核,核实检查基础数据质量,此外还要经常到点入户实地了解调查小区和调查户基本情况,对辅助调查员工作情况进行督促指导。

三、辅助调查员调查职责

辅助调查员指统计调查机构选用的协助开展或直接从事住户调查各调查小区数据采集处理相关工作的全日制和非全日制人员。

辅助调查员负责密切联系调查对象,协助调查员落实调查样本、收集样本信息和开展问卷调查,定期入户辅导调查户记账并做好访户记录,经常在线指导调查户记账,及时对电子和纸质记账数据进行复核,配合开展数据质量核查和有关专题调研,按时参加相关业务培训。

第二章　住户调查基本概念及主要指标

第一节　住户调查基本概念

一、住宅

住宅是指人工建造的，有墙、顶、门、窗等结构，具有独立入口，供人居住的房屋或场所。住宅既包括普通住宅，还包括集体宿舍和工棚，以及餐馆、发廊、商铺、办公室等有人居住的工作场所。

需要注意的是，独立入口的本质特征是排他性，独立入口内为独立的生活空间，入口外为公共空间。一般而言，一个单元房一般视为一个住宅，但是多套单元房被打通连成一体时，则视为一个住宅。连片平房或筒子楼中，不同门牌号码的房间一般视为不同住宅。在连片平房或筒子楼中，如果一户住两间或多间，则将这几间视为一宅。

对于工棚、工厂的集体宿舍、餐馆、发廊等人群集中居住的场所，每个有独立入口的房间，均视为一个住宅。对于单栋楼房、平房、四合院或独立院落等能够明确区分多个独立住宅的，要视为多个独立住宅。

二、住户

住户是指居住在一个住宅内，共同分享生活开支或收入的一群人。共同分享生活开支指共同享用生活必需品，如一起吃饭、一起分享生活设施、一起安排支出用途等。

一个住户可能是一个家庭，也可能是单独居住的一个人。大多数情况下，一个住宅内只有一个住户；但一个住宅内也可能有多个住户。

如果一个住宅内除了一个家庭，还有住家家庭帮工（如和雇主居住在一起的保姆、雇佣工人），则住家家庭帮工要单独作为一个住户进行调查。居住在同一房间内、不共同分享生活开支的人群，每个人都视为一个住户。集体居住的住宅，要注意居住的每个人都是一个住户。但实行AA制的夫妻或家庭成员，仍视为一户。

三、住户成员

住户成员是指居住在一个住宅内，所有与本住户分享生活开支或收入的人员。除此之外，还包括由本住户供养的在外学生（包括大中专学生和研究生）；未分家的农村外出从业人员和随迁家属，无论其外出时间长短；轮流居住的老人；因探亲访友、旅游、住医院、培训或出差等原因临时外出的人员。

需要注意的是，住户家庭成员不包括：寄宿者、住家保姆和住家家庭帮工；已分家的子女、出嫁人员、挂靠人员；本住户不再供养的在外学生（包括大中专学生和研究生）；调查时点已应征入伍者及服刑人员。

四、常住成员

常住成员是住户收支调查的调查对象，是指住户成员中，经常在家居住，或者调查期内居住时间超过一半的人员，以及本住户供养的学生。

季度调查的常住成员包括：过去三个月已经居住或未来三个月打算居住时间超过1.5个月的住户成员；过去三个月内每月至少在调查住宅居住一天以上，且没有在其他自有或独自租借的普通住宅中住过的人，或者可以说是，在外与人合住或住在工棚、集体宿舍、工作地或其他临时性住所、又定期回家居住的人，也是本住户常住成员；以及由本住户供养的在校学生（包括大中专学生和研究生）。

五、农民工

农民工是指户口登记地类型为村委会，年内在本地从事非农产业或外出从业6个月及以上的农村劳动力。

本地农民工是指在户籍所在乡镇地域以内从事本地非农活动（包括本地非农务工和本地非农自营活动）6个月及以上的农村劳动力。

外出农民工是指在户籍所在乡镇地域外从业6个月及以上的农村劳动力。

进城农民工是指年末居住在城镇地域内的农民工。城镇地域为根据国家统计局《统计上划分城乡的规定》划分的区域。

第二节　住户调查主要指标解释

一、住户收支调查

（一）收入

1. 可支配收入。指调查户在调查期内获得的、可用于最终消费支出和储蓄的总和，即调查户可以用来自由支配的收入。可支配收入既包括现金，也包括实物收入。按照收入的来源，可支配收入包含四项，分别为：工资性收入、经营净收入、财产净收入和转移净收入。

2. 工资性收入。指就业人员通过各种途径得到的全部劳动报酬和各种福利，包括受雇于单位或个人、从事各种自由职业、兼职和零星劳动得到的全部劳动报酬和福利。

3. 工资。指就业人员通过劳动从单位或雇主获取的各种现金报酬，包括按周、按月或按其他间隔定期发放的计时计件劳动报酬；按月、按季度或按年度发放的奖金；按月或其他间隔发放的住房补贴、交通补贴、车改补贴、通讯补贴、冬季取暖费和防暑降温费等；定期或不定期发放的过节费、相当于现金的通用购物卡等；因加班、夜班、在周末或其他私人时间工作而获得的加班工资或专门津贴；因到外地工作、或在不满意的或危险的环境下工作而获得的津贴；在国外工作的出国津贴等；根据国家法律法规和政策规定，因病、工伤、产假、计划生育假、婚丧假、事假、探亲假、定期休假、停工学习、执行国家或社会义务等原因按计时工资标准或计时工资标准的一定比例支付的工资；根据激励制度，与企业整体业绩挂钩而给付的专项奖金或现金奖励；在工作岗位上获得的佣金、赏金或小费。

工资应包括各种扣款，如工作单位代扣的应由个人承担的养老保险、医疗保险、失业保险和住房公积金；以及单位在工资中代扣的房租、水费、电费、托儿费、医疗费、借款等，同时把所扣除的各项费用分别计入相应的消费支出或转移性支出中。工资按照收付实现制计算，只要是在调查期内实际得到的工资，无论该工资是补发还是预发，都应归为本期得到的工资收入。本调查期内应得但因拖欠等原因未得到的工资不应计入。

工资不包括因员工或员工家属大病、意外伤害、意外死亡等原因支付给员工或其遗属的抚恤金和困难补助金，应该将其列入转移性收入中的社会救济和补助收入。

4. 经营净收入。指住户或个人从事生产经营活动所获得的净收入，是全部经营收入中扣除经营费用、生产性固定资产折旧和生产税之后得到的净收入。

5. 红利收入。指住户或个人作为股东将其资金交由公司等主体支配或处置而有权获得的收益。包括股票发行公司按入股数量定期分配的股息、年终分红以及从集体财产入股或其他投资分配得到的股息和红利。股票买卖结算后获得的收益（含亏损）不包含在内，应计入“非收入所得”。

6. 转让承包土地经营权租金净收入。指住户将合法拥有的土地经营权或使用权转让给其他机构单位或个人获得的补偿性收入扣除相关成本支出后得到的净收入。也包括从其他机构单位或个人获得的以实物形式给付的租金净收入。

7. 出租房屋净收入。指住户将自有住房出租给其他机构单位或个人得到的租金回报再扣除相关的维护成本之后得到的净收入。

8. 转移性收入。指国家、单位、社会团体对住户的各种经常性转移支付和住户之间的经常性收入转移。包括养老金或退休金、社会救济和补助、政策性生产补贴、政策性生活补贴、经常性捐赠和赔偿、报销医疗费、住户之间的赡养收入，以及本住户非常住成员寄回带回的收入等。

9. 养老金或离退休金。指根据国家有关文件规定或合同约定，在劳动者年老或丧失劳动能力后，根据他们对社会、单位所作的贡献和所具备的享受养老保险资格或退休条件，按月以货币或实物产品及服务形式给予的待遇，主要用于保障因年老或疾病丧失劳动能力的劳动者的基本生活需要。包括离退休人员的养老金或离退休金、生活补贴，农民享有的新型农村养老保险金，城镇居民享有的社会养老保险金，国家或地方政府给予城镇无保障老人的养老金，因工致伤离退休人员的护理费，退休人员异地安家补助费、取暖补贴、医疗费、旅游补贴、书报费、困难补助以及在原工作单位所得的各种其他收入，相当于现金的购物卡券也包含在内。也包括发给的实物和购买指定物品的票证、购物卡券，应同时计入相应的实物产品和服务项目中。

10. 社会救济和补助。指国家、机关企事业单位、社会团体和个人对各类特殊家庭、人员提供的特别津贴。包括国家对享受城乡居民最低生活保障待遇的家庭或个人发放的最低生活保障金、对农村五保户发放的五保救助金、国家和社会及机构单位对特殊困难家庭给予的困难补助、救灾款、国家或机构单位向由于失去工作能力或意外死亡等原因而失去工作的职工或其遗属定期发放的抚恤金等。也包括发给的实物和购买指定物品的票证、购物卡券，应同时计入相应的实物产品和服务项目中。

11. 外出从业人员寄回带回收入。指在外(含国外)工作的本住户非常住成员寄回、带回的收入。无论是以现金、汇款、转账、银行卡共享等任何形式寄回、带回的收入,都应计入。

12. 赡养收入。指亲友因赡养和抚养义务经常性给予住户及其成员的现金和实物收入。

13. 转移性支出。指调查户对国家、单位、住户或个人的经常性或义务性转移支付。包括缴纳的税款、各项社会保障支出、外来从业人员寄给家人的支出、赡养支出、经常性捐赠和赔偿支出以及其他经常转移支出等。

14. 外来从业人员寄给家人的支出。指外来从业人员寄回带回其户口登记地家庭的支出。

15. 赡养支出。指调查户因赡养和抚养义务而付给亲友的经常性现金和定期的实物支出。现金赡养支出应按实际发生的金额计算,不论是从报告期收入中开支的,还是从银行存款、手存现金以及其他所得中开支的,均应包含在内。

16. 基尼系数。指在全部居民收入中,用于进行不平均分配的那部分收入占总收入的比例。基尼系数最大为“1”,最小为“0”。前者表示居民之间的收入分配绝对不平均,即100%的收入被一个单位的人全部占有;而后者则表示居民之间的收入分配绝对平均,即人与人之间收入完全平等,没有任何差异。通常这两种情况在实际生活中不会出现。因此,基尼系数的实际数值只能介于0~1之间。

(二)消费

1. 恩格尔系数。指食品烟酒消费支出占总消费支出的比重。

2. 消费支出。指住户用于满足家庭日常生活消费需要的全部支出,包括用于消费品的支出和用于服务性消费的支出。根据用途不同,消费支出可划分为食品烟酒、衣着、居住、生活用品及服务、交通通信、教育文化娱乐、医疗保健、其他用品及服务八大类。根据来源不同，消费支出可划分为现金消费支出、实物消费支出（含自产自用、来自单位、来自政府和其他社会组织）。

3．食品烟酒。指用于各种食品和烟草、酒类及饮食服务的支出。

4．衣着。指与居民穿着有关的支出，包括服装、服装材料、鞋类、其他衣类及配件、衣着相关加工服务的支出。

5．居住。指与居住有关的支出，包括房租、水、电、燃料、物业管理等方面的支出，也包括自有住房折算租金。

6．生活用品及服务。指家庭及个人的各类生活品及家庭服务。包括家具及室内装饰品、家用器具、家用纺织品、家庭日用杂品、个人用品和家庭服务。

7．耐用消费品。指家庭使用的各类大型器具和电器，不包括文娱用家电（文娱耐用消费品）。包括冰箱、冷饮机、空调、洗衣机、吸尘器、干衣机、微波炉、洗碗机、消毒碗柜、炊具、炉灶、热水器、取暖器、保险柜、缝纫机等。

8．交通通信。指用于交通和通信工具及相关的各种服务费、维修费和车辆保险等支出。

9．教育文化娱乐。指用于教育和文化娱乐方面的支出。

10．医疗保健。指用于医疗和保健的药品、用品和服务的总费用。包括医疗器具及药品，以及医疗服务。

11．医疗服务。包括门诊和住院的医疗总费用。其中包括从各种医疗保险或其他医疗救助计划中获得的医药费和医疗费的报销款额。报销医疗费应按收付实现制记录，即仅当医疗费报销到手时才计入。门诊医疗费包括全科医生或专科医生、医务辅助人员及附属人员提供给门诊病人的医疗和保健服务，这些服务可在家中、个人或团体诊所、医务室或门诊部等地方提供，包括挂号费、诊疗费、注射费、手术费、透视费、镶牙费、出诊费、送药费、陪侍费、住院费、救护车费等，还包括提供给门诊病人的药物、医疗器械和设备及其他保健产品。住院医疗费指病人在住院期间的医疗花费,涵盖综合和专科医院的服务。不包括专门提供门诊治疗的手术室、门诊部和药房等所提供的服务。

二、农户固定资产投资调查

1. 固定资产。指使用年限在规定的年限以上,单位价值在规定的标准以上,并在使用过程中保持原来物质形态的资产。农户所有的使用年限在两年及以上、单位价值在1000元以上的房屋建筑物、机器设备、器具工具等资产应作为固定资产统计。

2. 固定资产投资完成额。指以货币形式表现的在一定时期内建造和购置固定资产的工作量以及与此有关的费用的总称。实际完成投资额根据建筑安装工程的实际完成工作量,实际已开始安装的设备、工具、器具的购置费,以及其他费用的实际发生额计算,包括消耗的建筑材料,购置设备、工具器具、大牲畜的费用,以及建造和购置固定资产所发生的人工费和其他有关的费用。

3. 房屋投资。指农民家庭在报告期内用于建设房屋所支出的费用。

4. 住宅投资。指农民家庭在报告期内用于建设住宅所支出的费用。

三、脱贫县农村住户监测调查

1. 特困人员供养户。指对无劳动能力、无生活来源且无法定赡养、抚养、扶养义务人,或者其法定赡养、抚养、扶养义务人无赡养、抚养、扶养能力的老年人、残疾人以及未满16周岁的未成年人,按照相关规定享受特困人员供养待遇。

2. 建档立卡脱贫户。指曾在原国务院扶贫办开展的建档立卡工作中按照一定标准确定为贫困户且2020年底前已脱贫的住户。

3. 易地搬迁。指由政府组织实施，以“政府引导、群众自愿”为原则，将居住在缺乏生存条件和“一方水土养不好一方人”地区的人口搬迁安置到其他地区，并通过改善安置区的生产生活条件、调整经济结构和拓展增收渠道，帮助搬迁人口逐步脱贫致富。

4. 已出列贫困村。指经相关考核程序退出贫困村序列的村。

第三章　住户调查样本抽取及样本管理

第一节　抽样方法概述

住户调查是最早引入抽样调查的统计专业之一。经过长期探索，逐步形成一套科学可行、符合我国国情的抽样方法，即以人口普查资料为基础，构建全国统一抽样框，遵循“样本共享、分类管理”的原则，抽取满足多主题调查需要的住户类调查样本。

一、抽样总体

抽样总体是中华人民共和国境内的所有住户，无论是本地户籍还是外地户籍，也无论是以家庭形式居住还是以集体形式居住。但不包括在学生宿舍、医院、福利院、养老院、军营和监狱等公共机构内以集体形式居住的住户，也不包括全部由非中国公民组成的住户。

二、抽样框

使用全国人口普查的普查区和普查小区名录及基本情况作为抽样框基础资料。编制抽样框时，对部分常住人口规模过小的普查区或普查小区进行合并，对部分常住人口规模过大的普查区进行适当拆分，整理后的普查区和普查小区统称为调查小区。原则上，城镇地区以普查区作为调查小区，农村地区以普查小区作为调查小区。

三、抽样方法

综合考虑分省住户收支调查和分市县住户收支调查，统筹兼顾脱贫县农村住户监测调查、农民工监测调查、农户固定资产投资调查等住户调查项目的样本需求。先抽取分省住户收支调查样本，再根据各地的样本量需求，补充抽取分市县住户收支调查扩充样本。农民工监测调查和农户固定资产投资调查的样本为分省住户收支调查中的村委会样本。脱贫县农村住户监测调查的样本为脱贫县的农村样本。

（一）分省住户收支调查样本的抽样方法

以省为总体，综合采用分层、多阶段、与人口规模大小成比例（PPS）和随机等距抽样相结合的方法抽取调查样本。

每个省分市区和县域两层分别进行抽样。市区层包括所有市辖区，采用二阶段抽样，即在每个市辖区内抽调查小区、抽中的调查小区内抽住户；县域层包括县和县级市，采用三阶段抽样，即在县域层内抽调查县、调查县内抽调查小区、抽中的调查小区内抽住户。

1. 评估确定调查县。县域层的调查县主要由设有国家调查队的县组成。国家统计局组织对这些调查县的代表性进行评估，对于代表性存在明显偏差的，将根据评估结果并结合各地实际情况进行纠偏，最终确定各省县域层的调查县及其权数。

2. 抽取调查小区样本。在每个区和调查县内，将所有调查小区按照最新的统计用区划代码和城乡划分代码分为城镇居委会、城镇村委会和乡村三层，对每层内的调查小区按照一定的社会经济指标进行排序，然后采用与人口规模成比例（PPS）的方法抽取预定数量的调查小区。

3. 抽取住户样本。对抽中调查小区，主要依据全国人口普查小区图绘制调查小区简图，对调查小区内的所有建筑物进行住宅清查，并据此编制住宅名录表。然后对住宅名录表中的所有住宅进行摸底调查，并根据摸底调查数据对住宅内的住户进行排序后，随机等距抽取固定数量的住户样本。每个调查小区的设计样本量为 10 户。

（二）分市县住户收支调查样本的抽样方法

为满足各地对分市县数据的需求，在抽取分省样本的同时，根据各地需要，以市或县为总体同步对分市县样本进行抽取。在有分省收支住户调查样本的区县，采用多重分层、随机抽样的方法，补充抽取分市县住户收支调查扩充的调查小区样本。即先将总体分为城镇居委会、城镇村委会和乡村三层，再根据每层内分市县住户收支调查所需调查小区样本总个数(分省样本＋分市县扩充样本)，将层内所有调查小区分成相应数量的子层，在没有已抽中调查小区样本的子层中，随机抽取一个调查小区。抽出调查小区后，使用与分省住户收支调查样本相同的抽样方法抽取住户。在没有分省住户收支调查样本的县，使用与分省住户收支调查样本相同的抽样方法，抽取分市县住户收支调查所需要的全部分城乡调查小区样本、住户样本。

四、样本量确定和分配

按照抽样精度要求，分省住户收支调查的样本量根据各省人口规模和居民收支差异程度，综合考虑调查人员力量、调查经费保障等因素而确定，全国共约 16 万户。测算确定各省样本量后，根据人口规模、收支差异、城镇化率、调查条件等因素，分配市区层与县域层、各调查区县的分城乡样本量。

第二节　抽取和落实调查小区样本

抽取和落实调查小区是住户调查样本抽选的重要环节，分省和分市县调查小区样本由住户司统一抽取，现场抽样和样本落实工作由各总队组织实施，以 2022 年住户调查大样本轮换分省小区样本的抽取为例，具体过程如下。

一、构建抽样框

(一)整理抽样框基础资料

住户司使用第七次全国人口普查的普查区和普查小区名录及基本

情况、2021 年《统计用区划代码和城乡划分代码》的城乡属性信息作为抽样框基础资料。由于在公共机构内以集体形式居住的住户不属于抽样总体，建立抽样框前，剔除以学生宿舍、医院、福利院、养老院、军营和监狱等公共机构为主的普查小区。

（二）划分调查小区

按照“城镇地区以普查区作为调查小区，农村地区以普查小区作为调查小区”原则统一划分调查小区。即：对于城镇地区 2000 户以上的普查区，按照普查小区代码顺序分段，拆分为几个 1000 户左右的调查小区；对于户数较少不能满足调查需要的城镇普查区（农村普查小区）与其他邻近城镇普查区（农村普查小区）进行合并。

考虑到各地具体情况不同，统一划分的调查小区可能不便于调查组织开展。因此，针对少量存在特殊情况的普查区或普查小区，组织各地根据工作需要提出拆分或合并建议，供统一划分调查小区时参考。

（三）确定调查小区抽样框

根据调查小区划分情况，对抽样框主要指标信息进行清理和加工计算。针对少量存在县级归属调整、城乡属性变化、已拆迁、年内完成整体拆迁等特殊情况的调查小区，组织各地进行核实确认。最终形成的抽样框资料包括所有调查小区的代码、地址、名称、城乡属性、常住人口数等信息。

二、抽取调查小区样本

为保证住户调查样本对分城乡居民的代表性，将每个调查县（市、区）按城乡属性分层，采用与人口规模成比例（PPS）的方法分别抽取调查小区样本。在每层内，对所有调查小区综合使用多项经济社会指标进行排序，用调查小区的常住人口累计数作为辅助变量，随机对称等距抽取预定数量的调查小区。

实际工作中，住户司按照上述抽样方法，抽出主要排序指标的样本均值与总体均值差异率符合要求的 3 套调查小区样本下发各地，其中第 1 套为主样本，第 2 套和第 3 套为备用样本。主样本与备用样本的调查小区数量相同，并按照序号一一对应。

三、落实调查小区样本

收到下发的调查小区样本后，各地对主样本中的调查小区逐个进行落实。对于个别因特殊情况确实无法开展调查的调查小区，经审批后，严格按照“相似性”原则进行层内替换。实际操作中，基于统一抽取的备用调查小区样本，在被替换调查小区所属的层内选择序号相同的调查小区替换，优先使用第 2 套样本中相同序号的调查小区。如果第 2 套样本中相同序号的调查小区经实地走访发现也无法落实，要做好走访过程及具体情况记录，并及时报告总队，经总队同意后，才可考虑使用第 3 套样本中相同序号的调查小区，不得直接跨序替换。发生替换时，各县（市、区）要详细说明替换原因、实地走访过程及具体情况、提供相关佐证材料，并严格按照替换原则提出替代小区建议，然后按流程进行替换。

第三节　调查小区清查摸底

落实调查小区后，需要对小区范围内的建筑物进行清查，编制住宅名录表并开展摸底调查，以便为下一阶段构建住户抽样框准备基础资料。针对每个可以落实的调查小区，调查员要按照规定流程开展以下工作：首先，对每个调查小区绘制调查小区简图，并对调查小区简图上的所有建筑物进行编号、标注建筑物类型和住宅数；其次，编制调查小区建筑物清查表；再次，编制调查小区住宅名录表；最后，针对调查小区住宅名录表中的住宅填写摸底调查表。

一、绘制调查小区简图

调查员以全国人口普查的普查小区图为基础，参考卫星地图、网格化管理图等其他有关资料，绘制调查小区简图。绘制调查小区简图是准确编制住宅名录表和填报住户摸底表的基础。要能清晰识别出调查小区的边界，标绘出该调查小区地域内的所有建筑物，做到边界明确、建筑物不重不漏。

（一）调查小区简图的绘制内容

1. 绘制调查小区的边界

以明确的地物（道路、河流、胡同、围墙、田埂等）为分界标志的，要注明相应地物的名称。同时，要标清与东南西北四条边界线紧邻的建筑物名称或区域名称，以便清晰区分出哪些建筑物或区域属于该调查小区，哪些建筑物或区域不属于该调查小区。

2. 绘制建筑物的示意图

对于调查小区内的每个建筑物，都要标识建筑物的编号和类型。调查小区内建筑物的编号原则上从地图的西北角开始，按照一定方向依次编号，并标识出行走路线，做到建筑物编号顺序与行走路线一致，不重不漏。

3. 标注住宅数

根据住宅的定义在调查小区简图中标注建筑物住宅数。对于高层建筑物，除了住宅数之外，最好能标明层数。

4. 绘制调查小区简图中特殊情况的处理

建筑物的编号原则上从地图的西北角开始，按照一定方向依次编号，如果遇到不适用的特殊情况，也可按照自然行走路线进行编号，并注意在地图中标清东南西北。连体建筑物算一个建筑物还是多个建筑物，原则上遵照当地的习惯进行处理。如果调查小区的住宅绝大部分都是单栋楼房或平房，且一个建筑物本身就是一个住宅，为了使调查小区简图看起来清晰明了，则可以只标注建筑物的编号，而不用标注建筑物的类型和住宅数。遇到连片的平房或楼房，绘制建筑物的示意图时，可以集中进行绘制和标注建筑物编号。

（二）调查小区简图的审核与保存

完成调查小区简图绘制后，应交由上一级调查人员进行审核。审核内容包括：调查小区边界是否清晰明确；建筑物有无遗漏或重复，建筑物编号顺序是否正确；建筑物类型标注是否正确；住宅数是否按要求标注等。

调查小区简图应以电子文档形式保存。使用纸质绘图的，可以通过扫描、拍照的方式存档保存。

二、编制建筑物清查表

根据所绘制的调查小区简图，编制建筑物清查表。建筑物清查表和调查小区简图是一一对应的关系，相辅相成使用。在建筑物清查表中，要列明：建筑物序号、建筑物类型标识、建筑物地址和住宅数。其中农村地区在填写建筑物地址时，除了常规的地址之外，最好写上户主姓名，方便调查员组织后续调查。

三、编制住宅名录表

编制住宅名录表有两种方式：原则上，对于农村地区，将抽中调查小区内的所有住宅编入住宅名录表；对于城镇地区，在抽中调查小区内随机等距抽取一个大样本住宅，形成住宅名录表。

（一）所有住宅编入住宅名录表

根据建筑物清查表，按照建筑物序号和建筑物内住宅的门牌号，将本调查小区所有住宅的具体地址依次填入住宅名录表，要确保住宅名录完整、地址准确。住宅地址要准确具体，确保在后续摸底调查中能根据该地址找到相应的住宅；对于农村地区、老旧小区等无门牌号的住宅，要根据其地理位置、户主姓名等填明住宅地址。

（二）抽取大样本住宅编入住宅名录表

在编制住宅名录表之前，首先要确定大样本住宅的规模。原则上调查小区的平均有效摸底户数应达到100户，各地要结合本地实际情况，综合考虑调查小区的住宅空置率和分散程度、住户的稳定性和配合度等因素，合理确定调查小区的大样本住宅规模。

具体操作时，在调查小区建筑物清查表的基础上，根据各建筑物内住宅的分布，按门牌号、地理位置等顺序列出每个住宅，抽取预定数量的住宅。主要可分以下五个步骤：

第一步，准备基础信息。在建筑物清查表的基础上，根据各建筑物内住宅数，列出住宅顺序码，并按门牌号顺序依次填写每个住宅的具体门牌号。

第二步，确定抽样间距。抽样间距＝总住宅数/确定的大样本住宅规模。

第三步，确定随机起点。随机起点＝随机系数×抽样间距，随机系数介于0和1之间，随机起点四舍五入后保留一位小数。

第四步，确定抽中住宅。确定随机起点和抽样间距后，以随机起点四舍五入取整后作为第一个抽中住宅，再以随机起点为基点，依次增加一个抽样间距，四舍五入取整后即为其余各个样本住宅的编号。

第五步，编制住宅名录表。将抽中住宅对应住宅的具体地址填入住宅名录表。抽中住宅地址要具体到楼号、单元和房间号，如“宝瑞家园1号楼1单元102”，并要逐条核实，确保在后续摸底调查中能够根据该地址找到抽中住宅。

四、填写住宅摸底表

摸底调查指通过一次性问卷调查抽中小区住宅名录表中的所有住宅和住宅中的所有住户，收集住宅和住户基本信息。开展摸底调查具有三方面重要意义：一是丰富住户抽样框资料，为抽取住户提供排序信息；二是为样本评估和校准提供基础信息；三是在调查小区内起到集中宣传动员的作用。

住宅摸底表涉及的调查对象层次较多、指标间的跳转关系较为复杂、部分调查指标的理解难度较大。因此,调查员在进行实地访问前必须认真学习、准确理解、吃准吃透调查方案各项要求,在进行实地访问时严格按照调查方案要求填写住宅摸底表,对现场摸底表填报内容进行认真审核,确保数据填报完整、准确。

在实地开展摸底调查的过程中,要尽最大努力提高摸底调查的回答率。对于因特殊情况确实无法入户的,可通过村(居)委会了解该住宅内住户的基本情况和联系方式,采取电话等通讯方式远程进行摸底调查。对于拒绝接受摸底调查的住户,调查员应积极争取村(居)委会人员支持等有效帮助,经再次努力,该住户仍然拒绝调查,才可考虑放弃。对于最终拒绝摸底调查的住户,要详细记录具体访户工作过程和有关情况。

第四节　抽取和落实住户样本

在完成住宅摸底表的调查和数据填报录入后,调查员按下列流程完成调查户的抽选和落实工作:首先,准备住户抽样框资料;其次,通过系统平台直接抽取样本住户;最后也是最关键的,努力落实抽中住户,调查员要尽可能落实抽中样本住户,尽最大努力控制换户比例,确需换户时要严格按要求进行替换操作,保证样本代表性不受影响。

一、抽取调查户

(一)准备住户抽样框资料

录入摸底表数据后,抽样程序自动生成含有住户编码、地址以及相关识别和排序指标的住户信息表(一户一条),作为抽取住户样本的抽样框。

(二)抽取住户样本

每个调查小区设计的住户样本量为 10 户。在抽中调查小区内,根据住户抽样框资料，综合使用部分指标信息，对属于抽样范围的所有住户统一排序后，随机等距抽取10户住户样本。具体步骤如下：

第一步，确定抽样间距。抽样间距＝调查小区住户名录表中的总住户数/设计的住户样本量。

第二步，确定随机起点。随机起点＝随机系数×抽样间距，随机系数介于0和1之间。随机起点四舍五入后保留一位小数。

第三步，确定抽中的住户。确定随机起点和抽样间距后，以随机起点四舍五入取整后作为第一个抽中住户，再以随机起点为基点，依次增加一个抽样间距，四舍五入取整后即为其余各个样本住户的编号。抽中的住户编号＝随机起点＋抽样间距×（N－1），其中N表示该调查小区拟抽取的第N个住户。

二、落实调查户

在抽出住户样本后，要逐个对住户进行落实和开户调查，为后续开展正式调查做准备。

（一）落实抽中住户

对抽出的住户样本逐户落实的过程中，为确保样本代表性，应通过取得村（居）委会人员的支持、争取住户的熟人或朋友帮助、宣讲统计法律法规、发放宣传品等有效方式，努力提高开户成功率。对于配合程度低的住户，调查员、市县级统计调查机构专业负责人、市县级统计调查机构相关领导应依次上门开展宣传，尽最大努力赢得住户的理解和配合。如果经过3次及以上努力，该住户仍然拒绝调查，方可按程序申请替换；同时，要做好开户工作过程和有关情况记录。

在落实调查户的过程中，对于不愿意接受日记账的住户，特别是高收入户、非普通住宅住户、无记账能力户、流动人群等，可以适当使用收支问卷调查方式采集数据。

（二）特殊户的处理

对于经过3次及以上努力仍然拒绝接受调查的住户（以下简称拒访

户)，在排序好的调查小区住户抽样框中，严格按照既定规则进行替换。各级统计调查机构不仅要加强住户样本替换的事前把关、事中审批，还必须强化住户样本替换的事后评估，对替换前后的住户收支调查数据进行比对分析，评估和校准样本变动影响。

(三)开户调查

落实调查户之后，即可开展开户调查和试记账。开户调查内容主要包括：住户成员及劳动力从业情况、住房和耐用消费品拥有情况。试记账主要包括：组织调查户完成至少一个月的试记账，加强对调查户的记账辅导和进一步宣传动员，努力稳定和提高调查户配合度。

第五节　调查样本的日常管理

在5年调查周期内，除定期按照抽样方案规定组织开展样本轮换外，还要规范做好样本的日常管理，及时监测调查小区和调查户变动情况，及时维护样本标识信息，始终确保样本代表性。

一、调查小区的变动管理

调查小区一经确定，原则上调查周期内保持不变。对于因拆迁、自然灾害或其他特殊原因确实无法开展调查的调查小区样本，或者新增住宅数超过样本抽取年总住宅数的调查小区样本，则需要按规定进行相应处理。

(一)调查小区的替换

1. 调查小区的替换规则

对于调查期间因遇到特殊困难确需替换的调查小区，原则上应根据大样本轮换时确定的调查小区抽样框，在本区县相同的层内选择替代小区。

针对调查期间因拆迁、搬迁原因致使减少住宅数超过样本抽取年总住宅数一半的调查小区样本，如果调查小区内样本住宅被大规模拆迁（移民搬迁）且无法对调查户进行跟踪调查，则根据相关行政记录，在本区县相同的层内选择最新建立的村（居）委会（移民安置小区）所在调查小区作为替代小区。如无新建小区可以替代，则按照“排序相邻”原则选择替代小区。

针对以集体宿舍、工棚或工作地住所为主的调查小区样本，如确需替换，应在本区县相同的层内寻找情况最为相似的调查小区作为替代小区，不得替换为以家庭户居住为主的调查小区。如实在无法找到情况类似的替代调查小区，则按照“排序相邻”原则选择替代小区。

2. 调查小区的替换程序

替换调查小区样本时，市县级统计调查机构应详细说明替换原因、实地走访过程及具体情况，提供相关佐证材料，严格按照替换规则提出替代小区建议，然后通过系统平台向总队提出申请。各总队要对市县级统计调查机构提出的替换申请严格审核把关，确保替换原因真实合理、有关材料齐全规范、替代小区选择合规。

对于国家样本的调查小区替换申请，总队审核通过后，应以总队名义通过系统平台向住户司提出替换申请，由住户司负责审批。调查小区替换申请审批通过后方可替换。

对于新换入的调查小区，应按照抽样实施细则要求，规范开展调查小区简图绘制、建筑物清查、住宅名录表编制、摸底调查、住户样本抽取和落实、开户调查等环节工作。

各级统计调查机构应做好调查小区替换审批材料存档管理工作。

（二）调查小区内重新抽取住户样本

如果调查小区内新增住宅数超过样本抽取年的总住宅数，则在剔除已调查过的住宅后，按照与首次抽取住户样本时相同的方法，重新构建住户抽样框、抽取住户样本。调查小区内重新抽取住户样本的审批流程，参照调查小区替换的审批流程。

实际工作中，每年年末对各调查小区新增住宅情况进行监测，对于需重新抽取住户样本的，原则上应在次年上半年前完成。

二、调查户的变动管理

一旦落实了住户样本，则在调查期内始终跟踪这些调查户。对于因迁出、不配合调查或其他特殊原因确实无法开展调查的住户样本，则需要按规定进行相应处理。

(一)调查户的追踪

对于调查期间发生自然迁出(换新房、重新租房等)的调查户，如果该户没有迁出本县(市、区)，而且可以继续调查，则应对其进行追踪调查；如果无法追踪调查，则可进行替换。

(二)调查户的替换

1. 调查户替换的基本原则

尽可能保持样本住户稳定，对于调查期间不愿意继续配合的调查户，如果经 3 次及以上劝说，该户仍拒绝接受日记账或收支问卷调查，则可进行替换。对于调查期间因家庭成员全部失联、存在交流障碍、丧失主观意识等特殊原因无法继续调查的调查户，经入户核实并出具相关证明材料后，可进行替换。

2. 调查户的替换程序

分省样本住户的替换，由市县级统计调查机构向总队提出申请，详细说明替换原因、劝说调查户接受调查的工作过程和有关情况，提供相关佐证材料，严格按照替换规则提出替代住户建议，总队审批同意后方可替换。

各级统计调查机构应做好调查户替换审批材料存档管理工作。

三、样本标识的维护

(一)样本专业标识的维护

国家调查项目的样本专业标识由国家统计局确定，各总队对本地区样本的专业标识进行核实确认，如果有变动，各总队应报请国家统计局定期统一更新。

（二）调查小区状态的维护

调查小区的“小区状态”，包括有效、无效（退出的老小区）、暂不开展调查，由各总队和市县级统计调查机构据实标注并根据调查小区变动情况及时更新确认。

（三）住户标识的维护

调查户的“住户标识”，包括开始调查时间、调查方式（日记账、问卷）、是否代记账、是否多人参与记账、是否电子记账户、是否完成本期调查、住宅地址是否变动、退出时间等，由各市县级统计调查机构据实标注并根据调查户变动情况及时更新。所有住户标识的更新不得跨季度进行，本季度发生的变动须在本季度关账日期之前完成更新。

第四章　住户调查数据填报

第一节　问卷填报

问卷是住户调查各专业普遍采用的一种数据采集手段，具有便捷、经济、调查负担小的特点，问卷数据采集以户为单位，采用入户访问、当场填报的方式进行。其基本要求和填报规范如下。

一、问卷调查要求

（一）调查员必须入户

调查员要按照调查方案的要求，定期深入到每家每户，通过实地询问和调查收集数据。调查员应当按照各问卷的填报说明，对问卷中的所有问题逐户逐人询问清楚，逐项进行填写，做到不重不漏、准确无误。

（二）调查员必须当场填报问卷

填报问卷时，尽量选择熟悉家庭情况的住户成员作为被访者，按人按项回答，详细填报住户及每位住户成员的情况。调查员要根据被访者的回答，当场如实填写问卷。如调查户无填报能力或无法准确回答，调查员可以协助调查户进行填报，但填报内容必须获得调查户的认可。因调查户在外地等特殊原因无法面访的，可通过电话等方式远程访问，但要做好相关情况记录。

（三）调查结果必须得到调查户确认

调查员调查完一户后，要对调查问卷的内容进行全面检查。将问卷填写的内容，与调查户进行核对、确认，如有疑问应重新询问核实，如有错误应立即改正。

二、问卷填报规范

在填报问卷时，各指标的含义、口径、计算方法和计量单位必须同问卷的规定一致，所有数量和金额除特别注明外，通常四舍五入取整数，年份和月份均用阿拉伯数字填写。

纸质调查问卷用钢笔、黑色签字笔或圆珠笔填写，不得用铅笔或红色笔填写；字体应工整，不得用草体、艺术体。填写数字和编码不要出格，填写内容的修改不得使用涂改液，可直接改在问卷上。如数字、编码写错，用双线将整个数字或编码划去，正确数字或编码写在错误数字、编码上方或旁边的空白处，切勿在原数字、编码上涂黑修改。

调查问卷中所有涉及收入和支出的项目，均按照收付实现制原则填写，即收支项目“何时发生，何时填写”。汇入银行卡、从个人账户转入转出的、单位代扣的也视为“发生”，如个人缴纳的社会保障支出、农村外出从业人员给家人账户内汇款或划款等。

问卷填报完成后，调查员应仔细核实，确保调查问卷中没有越界、漏答的项目。

三、使用“e 调查”填报电子问卷

“e 调查”APP 是住户调查应用系统的重要组成部分，实现了住户类调查问卷查看形式电子化、数据记录电子化和审核上报电子化。有效推动了调查平台由 PC 端向移动端延伸，简化了问卷填报、录入、浏览、审核等工作，大大减轻基层调查人员工作量。

使用“e 调查”APP 填报问卷，每次登录后首先应同步数据，确保样本和数据信息与平台一致，其余调查要求和填报规范可参考纸质问卷。

“e 调查”APP 首页分为六大模块：调查区域、年份、专业、填报状态、问卷类型和调查户信息，入户采集数据时首先选择调查小区和年季度，

APP将根据这个小区是否开展调查及调查员的专业权限来显示可填报的专业和问卷。

点击要调查的用户进入到问卷填报页面，首先加载问卷中的数据，数据加载完成后即可逐项开展调查。每份问卷根据其数据填报完成情况显示三种状态：未开始调查、正在调查中、已完成调查。

电子问卷在逐项填报完成后可点击保存并上传，若数据填写有误，会弹出审核结果提示框，并且写明可能存在错误的指标，需要认真核实并修正。若无误会提示“保存并上传成功”，此时可切换下一份问卷。

问卷填写完成，并且审核、保存并上传成功后，用户的名字会变成蓝色，表示已完成调查。在问卷填报期结束前，须确保相应问卷应填尽填、应报尽报。

第二节　日记账填报

住户调查中，收支数据主要通过日记账方式采集，即对每个抽中的记账户建立《现金和实物收支日记账》，由记账户每天将发生的各项收支情况按时间顺序逐项登记，形成住户收支调查的原始数据。用日记账方式采集数据的最大优点是调查资料有可靠的依据，不容易重复或遗漏，能够保证资料的正确性和及时性。

当前除少量住户采用传统纸质账册记账外，记账户主要通过国家统计局开发的住户调查应用系统，使用手机、平板电脑、台式电脑等电子设备填报本人及家庭的收支信息，收到了“随时记账、即时传输、个人账户、保护隐私”的效果。

一、记账原则和方法

调查员首先要确定哪些住户成员的经济活动及其产生的收支项目需要入账，以该成员是否为住户常住成员来判断。要求所有常住成员在记账期间的收支情况都要记入日记账，而除外出从业期间寄回、带回的收入外，本住户外出从业的非常住成员在外收支不用记入日记账。

调查员要按照以下原则和方法指导记账户记好日记账。

（一）选好记账人

要选定一名或多名对家中收支情况熟悉、有记账能力、有记账时间并且经常在家的人记账，其余人员要向记账人汇报收入、支出情况。

（二）各账不能混记

住户及住户成员的现金收支及社保缴纳项目记入《现金收支账》，住户及住户成员得到的实物产品和服务记入《实物产品和服务收入账》，住户从事农业生产经营的各种产品产量和自产自用产品支出情况记入《自产自用实物账》。

（三）账面要规范

采用纸质记账方式，要注意账面整洁，字迹要清晰工整，应使用钢笔或圆珠笔（水芯笔）记账，不能用铅笔、红色笔记账。

（四）要如实记账

要如实、详细地记录好每笔账，不要随意改写账目，如确系错误，可在纸质账本上将错误部分画双横线，然后在同一行的上方记上正确的账目。

（五）按“收付实现制”记账

记账的基本原则是“收付实现制”，将每天实际发生的生活收支逐笔记录，做到日清日结，不重不漏。即住户和住户成员发生的现金收支和实物收支活动要按发生的时间顺序逐笔及时登记，发生一笔记一笔，不要漏记和混记。

（六）按时记账

要严格按照规定的记账周期（记账日期为自然月 1 日到当月末）记账，每月末最后一日结账，不能提前或拖延日期记账。不要记回忆账（即几天记一次），最好每天能在固定的时间记账（如睡前、饭后、看电视时放广告期间)。

二、如何填写日记账

(一)如何填写日记账封面

1. 时间、编码、调查员信息和记账标识的填写

每月的记账日期为当月1日到月末,应规范填写日期信息,如5月日记账封面的记账日期应为5月1日到5月31日。

封面上地区编码、住宅编码、户编码和地址、户主姓名可由调查员事先填好。调查员的姓名、电话也要填写在日记账封面上,便于记账户联系咨询,方便记账户及时解决记账中的疑难问题。

若调查户中有多人参与记账,应在账本封面进行标注,市县级统计调查机构应建立多人记账登记台账,并报总队备案。如调查户因不识字、身体条件不允许等特殊原因无法记账,可由调查户授权亲友、辅助调查员等指定人员使用纸质账本代为记账(简称代记账),但应在账本封面明确标识,同时,市县级统计调查机构应建立代记账登记台账,并报总队备案。

2. 本月住户成员变动情况的填写

根据本月住户成员是否发生变化填写,如因出生、死亡、结婚迁入、求学迁出等原因产生的增减情况,及时注明增减原因、姓名、年龄。如本月有新增成员,可先将新增成员的经济活动入账,等调查员确定新增成员代码后再在账内补齐成员代码。

新增成员还应填写主要就业情况(如公务员、国有企业职工、私营企业职工、农民、外出打工、本地务工、离退休人员、在校学生、家务劳动者等),便于调查员核查相应的经济活动。

如果住户成员发生减少时,“新增成员主要就业情况”和“新增成员代码”不需填写。

(二)如何填写《现金收支账》

《现金收支账》直接反映住户及其常住成员现金收入来源、支出去向

情况，是研究住户收入构成、消费水平、社会保障和其他生活状况的重要资料。记账户及其常住成员发生的一切现金收支活动均要按发生时间先后及时记录。

1.《现金收支账》的内容和栏目

《现金收支账》分为现金收入账、个人社会保障和所得税支出、现金支出账三个部分。包括“序号”“日期”“姓名”“收入(支出)项目摘要”“编码”“成员代码”“计量单位”“数量”“折标准数量”“金额(现金收入或支出)”“备注”栏目。住户要登记日期、姓名、收支项目摘要、计量单位、数量、金额、备注栏，其余由调查员填写。

2.《现金收支账》记账注意事项

一是要准时建账。以自然月份为一个记账月，每月 1 日换新账本，开始记账。

二是《现金收支账》按收付实现制原则进行记录，即以收到(或支付)现金为标准，发生一笔记一笔。如遇到赊购赊销和工资拖欠，暂不记账(第一产业经营成本除外)，待实际的现金收支活动发生时，再记入现金账；收到预发和补发的工资，按照实际发生记账。工资、补贴等打入银行卡并能支配的视同为收到现金。按实发工资填写。由单位代扣的个人所得税、个人缴纳的社会保障支出和住房公积金，要记入转移性支出。

★注意：汇入银行卡、从个人账户转入转出的、单位代扣的也视为“发生”，如个人缴纳的社会保障支出等。对于这部分收支，调查员应提醒记账户及时查询并记账。记账时按实发金额填写工资，数据处理时会将账页中记录的个人所得税、个人缴纳的社会保障支出和住房公积金等自动汇入工资性收入中，形成完整口径的工资性收入。

三是只有住户家庭收支以及住户常住成员的收支入账。《现金收支账》的记账对象是住户及其常住成员，要求常住成员的现金收支情况必须入账，并且在“姓名”和“成员代码”栏目一定要注明收入的来源。需要注意，对于住户中长期外出从业且不能经常回家居住的非常住人员，其在外出从业期间的收入和支出都不用记入日记账，但其寄回带回家中的收入要记入日记账。

四是要注意账实相符，发生一笔记一笔，并且做到当天发生当天记。对一天内发生的同类收支，可合并一笔登记，一天内发生的不同类收支，不能合并登记。不同月份或季度发生的收入或支出，不能集中记到一个月或季度中，必须按现金收入或支出的实际发生时间来登记。

★注意：

尽量遵循流水账原则，即发生什么记什么。对于从事经营的户（特别是农村地区），尽量按毛收入和相关的各种费用支出记，特别注意是否存在成本漏记等问题。

五是《现金收支账》只反映实际货币收支的来龙去脉，不要把实物收支活动随意作价记入现金账内。但是也有一些实物收支活动视同为现金收支，即便记账户可能将这些收支活动记录在实物账中，调查员也要特别注意将其编码为相应的现金收支。

（三）如何填写《实物收支账》

《实物收支账》是为了了解住户通过实物形式发生的各种收支活动，主要反映住户从单位或雇主、政府和社会收到的实物形式的产品和服务，本年度内大宗农产品产量和用途，用于生产或生活消费的自产农产品情况。《实物收支账》主要包括三大部分：实物产品和服务收入账、自产自用实物账（用于生产）、自产自用实物账（用于生活消费）。

1.《实物产品和服务收入账》记账注意事项

《实物产品和服务收入账》反映住户和住户成员从单位或雇主、政府和社会获得的免费或低价的实物产品和服务情况，记账户及其常住成员收到的实物产品和服务均要按发生时间先后进行记录。

《实物产品和服务收入账》分为来自单位或雇主的实物产品和服务、来自政府的实物产品和服务，以及来自社会的实物产品和服务三个部分。

实物产品包括单位或雇主、政府和社会免费或低价发放的产品如食用油、大米、床上用品、羽绒服等；来自单位或雇主的实物服务如免费或低价提供的工作餐、住宿、旅游、健身娱乐、体检等，以及单位为职工个人缴纳的水电费、取暖费、物业费、停车费、手机费等；来自政府的实物服务包括政府免费或低价提供的生活性或生产性服务，如低价住房（如廉租房）、健康体检等；来自社会的实物服务包括社会免费或低价提供的生活性或生产性服务如教育费减免等。

《实物产品和服务收入账》的栏目包括“序号”“日期”“姓名”“（收入）项目摘要”“编码”“成员代码”“实物折价”。住户要填写日期、姓名、项目摘要、实物折价，其余由调查员填写，填写要求与《现金收支账》相同。

“实物折价”栏目由记账户填写。对于来自单位和雇主、政府和社会的实物产品和服务，记账户要根据市场价对实物补贴进行折价，如果是免费提供的，直接填写市场价；如果是低价提供的，实际记账部分应该是单位、政府和社会补贴给住户的那部分收入，因此要扣除个人自付部分。

★注意：

“实物折价”应由住户自行估价折算，调查员可以提供相应的市场价格作为参考，但不要代替住户进行估价折算。从未使用过的实物产品，按当时市场价格进行折算；已经使用过的实物产品，根据新旧程度和使用价值适当折价。

2.《自产自用实物账》（大宗农产品（粮棉油）的产量和用途）记账注意事项

《自产自用实物账》（大宗农产品（粮棉油）的产量和用途）主要反映农业生产经营户自产（不包括购买）农产品的产量和用途。其中，产量仅记录大宗农产品的情况。

《自产自用实物账》（大宗农产品（粮棉油）的产量和用途）的栏目包括“项目”“产量和用途”“编码”“计量单位”“数量”。其中，产量和用途可分为“产量”“用作种籽”“用作饲养役畜”“用作生活消费”等，计量单位分为“亩·公斤”和“公斤”。住户主要填写种植农产品的产量，如果计量单位是“亩·公斤”的，则需要分别填写播种面积和产量。

在记录稻谷、小麦、玉米等农产品产量时，指实际收获的农产品，不包括尚未收获的、中间损耗的、腐烂的农产品。对播种后一次性收获的作物，如粮食类农产品，要在日记账中同时登记播种面积和产量。自产自用实物首先必须是本住户生产的，在收获后及时一次性登记，防止重复登记。

3.《自产自用实物账》(用于生活消费的自产农产品)记账注意事项

《自产自用实物账》(用于生活消费的自产农产品)主要反映农业生产经营户自产(不包括购买)农产品用于本住户生活消费的情况。

《自产自用实物账》(用于生活消费的自产农产品)的栏目包括“序号”“项目”“编码”“计量单位”“数量”“折价”。住户要填写“项目”“计量单位”“数量”，有时候也要填写“折价”，“编码”由调查员填写。种植业的原始产品用于生活消费时不需折价。但对一部分种植业产品的制成品如实物消费的干制水果等在记消费数量的同时，也应记折价金额。

★注意：

居民之间的实物转移原则上不需要进行记录，比如亲友之间的实物馈赠、实物借贷(如农户之间的粮食借出和归还等)。

(四)日常记账提醒要点

“细节决定成败”，记账是否细致准确直接决定了住户收支调查数据的质量好坏。除以上记账原则和注意事项外，调查员在辅导记账时，还有许多提醒要点，以下择要说明。

(1)由单位或雇主代扣的各种社保扣款(如五险一金、个人所得税)等费用应记入相应的转移性支出中。

(2)当调查期内记账户发生储蓄存款提取或定期存款结存、转存时，调查员要提醒记账户记录发生的利息收入。

(3)兑售有价证券时，要分别记录有价证券的本金和高于原购买金额的增值部分（或低于原购买金额的亏损部分）。其中，本金应编为“出售股票、基金、收藏品本金所得”，溢价部分（增值或亏损）应编为“出售股票、基金、收藏品本金溢价所得（含亏损）”。

（4）收回储蓄性保险或其他投资时要分清本金和增值部分。如收回储蓄性保险本金应编为“借贷性所得”中的“收回储蓄性保险本金”，增值部分应编为“储蓄性保险净收益”。

（5）记账中要避免合记、混记，如“超市购物”“看病”等。

（6）记账时应记录购买产品的名称，不要记品牌，如“潘婷洗发水”要记“洗发水”，不应记“潘婷”，“伊利牛奶”要记“牛奶”，不应记“伊利”。

（7）对于粗加工和深加工后对应不同编码的商品，记账时要请记账户注明是原材料还是制品。如“海参”应编为“其他水产品及制品”，“海参原液”应编为“滋补保健品”。

（8）干鲜菜果菌类的编码各不相同，记账时应分清干、鲜菜果菌类，鲜的可以不标注，干的必须注明。如鲜香菇可以记作“香菇”或“鲜香菇”，干香菇必须记作“干香菇”；鲜枣可以记作“枣”或“鲜枣”，干枣必须记作“干枣”。

（9）在家庭以外地点的自费用餐要标注“在外”，如“在外早餐”“在外面包”“在外烤肉”；如果在食堂用餐，还要注明用餐地点“在单位食堂早餐”。

（10）乘车要分清“火车”“长途汽车”“市内公共交通”“出租汽车”和“其他交通费”。

（11）外出自助旅游要分清车费、住宿费、餐费、景点门票等，分别编码为相应消费支出项目。参加旅行社团体旅游无法拆分费用的记总额，编码为“团体旅游”。

（12）发生医疗费用支出时，注意提醒是否有医保报销（包括刷医保卡内余额）的部分，如有需要将医保报销部分计入对应家庭成员的报销医疗费收入中。

(13)经营货款、房贷、车贷、教育贷等生产、生活贷款需要区分本金和利息支出,应加强提醒和关注。

(14)对于农业生产经营户,一方面要注意提醒各方面生产费用及时登记入账,如土地承包、用水用电、种子种苗、汽油柴油、化肥农药、生产雇工、工具维修等,另一方面要关注自产产品投入生产和生活消费的情况,避免将自产自用玉米饲料等实物投入错记为生活消费。

(15)非农产业家庭经营户要注意加强经营成本费用等项目的记账提醒。

(16)针对从事餐饮、交通运输等行业的家庭经营户,要注意提醒将经营费用与日常生活消费支出加以区分,避免将经营用车的加油支出等成本费用错记为生活消费等情况。

(17)加强对各种转移性支出记账项目的提醒,如外来从业人员寄给家人的支出、子女给老人的赡养支出、灵活就业人员缴纳社保支出、党团会费、个人所得税等。

(五)分季度记账提醒要点

居民收支活动往往与季度密切关联,呈现出周期性变化的特点,为进一步提高记账质量,可按季度进行重点提醒。

1. 一季度记账提醒要点

(1)年终奖、年底分红等要及时记账。

(2)元旦、春节等节日,单位(或雇主)发放或政府、社会慈善团体等慰问的节日补贴以及实物福利要及时记账。

(3)村集体年终分红较为集中,发放现金按实际金额及时记账,发放实物(如米面、食用油等)按市场价折算记账。

(4)一般情况下,每年1月份职工社保缴费基数会有调整,要注意提醒按照调整后的金额记账。

(5)元旦、春节等各类节日,给父母的赡养费、给父母买的物品(如衣服、食品等)要按“赡养支出”及时记账。若父母同为记账户,父母收到子女的赡养费及物品，也要及时记账，应分别记入“赡养收入”和相应的消费支出项目。

(6)元旦、春节、元宵节等传统节日购买食品、年货、衣着鞋帽等，要按照实际发生额及时记账。

(7)节假日家庭聚餐、朋友聚会的用餐、娱乐等相关消费支出，要按照实际消费类别和金额及时记账。

(8)春节外出旅游、参加旅行团的一次性登记团体旅游费、自由行的花销则按种类分别记账，如门票费、住宿费、过路费、在外就餐等。

(9)寒假学生的各类培训费、书费等，要按实际发生情况记账。

(10)理发、美容、家政服务等相关服务消费按照实际发生额记账。

2. 二季度记账提醒要点

(1)“三八”妇女节和“五一”劳动节单位发放的补贴和实物福利要及时记账。

(2)各单位逐步有免费福利体检项目，要按市场价折算后记入实物服务。

(3)部分地区的机关事业单位发放的绩效考核奖金。

(4)家里有在校学生的需关注各种教育支出，特别是大学生的交通费、饭费、学费、住宿费等。

(5)学校组织学生外出春游，相关交通费、午餐费等。

(6)清明节祭祖扫墓购买的相关祭祀用品支出。

(7)“五一”小长假外出旅游或探亲的，要按照实际发生情况及时记账。同时，小长假办理或参加结婚喜宴的情况较多，相关宴请费用及礼金支出等现金支出需及时记账。

(8)春季为疾病多发季节，涉及医疗消费时，要注意将医疗总费用和报销医疗费分开记录。

(9)农村居民自产自食的蔬菜、粮食要及时记账。

3. 三季度记账提醒要点

(1)单位发放的防暑降温费,发放的防暑降温实物福利要按市场价折算后记账。

(2)“端午节”单位发放的现金及实物,实物部分要按市场价折算后记账。

(3)“六一”儿童节部分单位工会给有小孩的家庭发放实物福利,应按市场价折算后记。

(4)部分企事业单位半年奖金、绩效等陆续发放,或有半年投资分红、利息等收入。

(5)一般情况下,7月份职工公积金基数进行调整,应提醒按调整后的公积金数值进行记账。

(6)小麦或夏季蔬菜成熟收获的季节,注意记录产量和消费量。小麦不论是否出售,要在收割完成后及时记录产量,如果出售小麦,还应及时记录出售小麦的实际重量和金额。

(7)“六一”儿童节给小朋友买的礼物或带小朋友出去游玩所产生的消费。

(8)有参加高考、中考等升学考试的学生家庭,要注意与考试相关的消费。例如出租汽车费、餐饮费、旅馆住宿费、购买服装费等,以及考试后相关的休闲娱乐支出、旅游花销等。

(9)夏季来临,各类夏季常见消费,如空调、电扇、防蚊液、防晒霜、遮阳伞、冷饮、啤酒等应及时记账。

(10)暑假期间,学生参加课外班的培训费。

(11)暑假家庭出游的,要注意将旅游相关消费按种类记账,如门票费、住宿费等。

(12)部分大学新学期开学时,涉及的学费、生活费、住宿费等。

(13)夏季是种植露地蔬菜的季节,农村地区应注意蔬菜的自产自用情况,尤其是在房前屋后小院中种植的蔬菜,自产自用部分要按市场价折算后记账。

(14)北方地区冬季取暖费一般从7月份开始陆续缴纳,应提醒记账。

4. 四季度记账提醒要点

(1)新就业的大学生会有相应的工资收入,要及时记账。

(2)国庆、中秋双节,单位发放补贴以及实物福利。

(3)北方地区部分单位发放取暖补贴,如有相应收入要及时记账。

(4)经营户年底常常有资金回笼,也会有部分贷款结清等情况,要按照实际收支及时记账。

(5)村集体年底分红多在本季度起逐步发放,农村地区如有相应收入要提醒及时记账。

(6)玉米、水稻等粮食作物收获季节,不论是否出售,要在收割完成后及时记录产量。如果有出售,按收付实现制原则及时记账。

(7)"十一"黄金周、中秋节,购买礼品、聚会、聚餐等各类消费品。

(8)新学期开始,有涉及幼儿园、小学、初中、高中学生的家庭,学费、住宿费、给孩子购买的各类学习文化用品、手机电脑配件等。

(9)假日家庭出游的应注意将旅游相关消费按种类记账,如门票费、住宿费等。

(10)"双十一"网购节,居民网购消费较多,注意提醒及时按消费项目及时记账并标注"网购"标识。

(11)北方地区冬季取暖费基本在12月底之前完成缴纳,应提醒及时记账。

三、使用"e记账"进行电子记账

目前,住户收支调查可通过"e记账"APP或电脑端两种方式实现电子记账,其原则、方法、注意事项及提醒要点与纸质记账一致,可参见本节第二部分的介绍。下文以"e记账"APP为例,对电子记账方法进行介绍。

(一)记一笔

记账户安装“e记账”APP后，在手机随身携带的情况下即可随时随地记账，最便捷的方式是通过首页的“记一笔”模块进行。点击“记一笔”按钮，记账界面出现“收入”“支出”“实物”“农业”四个选项，通过点选不同选项可实现分类记账。通过点选APP首页下方导航栏的“收入”“支出”“实物”“农业”等标签，同样可进入相应页面。

除农业相关的收入项目外，工资、养老金、经营等收入均在“收入”页面记录，收入账要注意选择获得收入的相应家庭成员的姓名或者家庭，输入品名(如月工资、退休金、利息收入等)、具体金额等并保存，即完成一笔收入账的记录。点击“记一笔”按钮后默认进入的是“支出”页面，日常生活消费，二、三产业经营成本、社保支出等支出项目均在此页面记录，若为网购，需勾选“网购”按钮。金额、数量和单价可任选其中两项进行填写，系统会自动计算另一项。注意选择正确的计量单位，保证单位和数量的统一。

从单位或雇主、政府和社会得到的各种实物和服务均在“实物”页面记录，默认为家庭获得的实物产品或服务，如是家庭成员个人获得的实物或服务，要选择相应的家庭成员姓名。来源要注意区分选择“来自单位”“来自政府”和“来自社会”。

与农业相关项目均记录在“农业”页面中，如农业收入、农业成本、自产自用等。选择家庭或具体的成员姓名，输入品名、金额、数量等，即可完成记账。要确保记账数据完整、无缺项，特别是出售肉猪等计量单位为“头．元．公斤”的记账项目，注意按要求填写备注。

在不同类型的记账页面下，完整填写一条记账数据后，单击“保存并关闭”，该条记录被保存，并跳转至首页；单击“再记一笔”，该条记录被保存，开始记录下一笔。保存记账数据时，若系统提示超限，或想要对本条记录进行说明，可选择填写说明。

（二）模板记

除“记一笔”之外，在“e 记账”APP 首页还有模板记功能模块，提供“工资收入”“生活缴费”“医疗费用”“固定收入”“还房贷费用”“自产自用消费”“农业实物收入”等多个记账模板，列举了多种典型场景下需要记录的收支内容，便于系统提醒调查户按时记账，不要漏项。

以工资收入为例，模板内已设置包括按月发放的工资，个人缴纳的养老保险、医疗保险、失业保险、住房公积金，其他社会保障支出、个人所得税、党团会费、补发工资、不按月发放的工资等在内的不同记账项目，记账户只需按照当月实际发生的项目记账即可，能够有效避免漏记个人社保支出等情况。

模板记账方便快捷，在记账辅导时可优先推荐记账户使用。

（三）其他功能

目前，“e 记账”APP 除常规记账功能外，还包括查看记账流水和收支统计，修改、删除、同步数据，更新字典库等功能。通过首页下方导航栏点击“看一看”或“更多”标签，选择相应功能点击进入对应页面，完成相关操作即可。

1. 查看记账数据

点击 APP 首页“看一看”或“更多”中的统计分析，在弹出页面中可以看到“记账流水”“支出统计”“收支趋势”“行为分析”四个标签。其中，“记账流水”展示的每日的记账明细；“支出统计”展示的是八大类消费支出的分类统计图表；“收支趋势”展示的是年度/月度收入支出趋势图；“行为分析”展示的是网购等支出行为分析图。记账户可通过点击不同标签页，选择需要查询的时间范围，随时查看了解家庭的收入支出情况和消费习惯。

2. 修改、删除、同步记账数据

在记账明细中找到需要修改的记账数据，点击该条记录，会跳转显示该条详细数据，进行相应修改后，点击保存即可。

在记账明细中查找到需要删除的记账数据，向左滑动该条记录，右侧出现红色“删除”按钮，点击“删除”，在弹出确认删除对话框中点击确定即可。或是点击该条需要删除的记账数据，跳转至详细数据页面，点击右上方的“删除”，同样可实现删除该条记账数据。

e记账APP支持离线记账，正常情况下，联网后可自动上传数据。若发现联网后数据未上传成功，可点击首页“更多”中的同步数据进行上传，出现“同步成功”后，表明数据同步完成。

3. 及时更新字典库

记账户可通过选择首页“更多”页面下的“获取最新字典”，定期更新记账品名字典库，使记账更加简单便捷。

四、账页初审

记账户既是生产经营单位，又是生活消费单位，家庭收支活动发生频次较高。为了使调查资料能全面准确反映记账户的真实情况，要根据记账方式对日记账资料进行认真审核。

（一）账页初审要求

在账页数据进入数据处理环节前，要以人工方式进行初步审核。首先由记账户自审，其次由辅调员二审，最后由市县统计调查机构人员复核。为做好账页初审工作，辅调员和市县调查人员要全面掌握记账户的基本情况，特别是充分发挥辅调员对本村（居）委会情况比较了解的优势，结合月初、月末收取账本和日常辅导记账工作，对已经登记的现金和实物收支情况进行认真审核与检查，发现填写不规范和不清楚的账目要及时沟通确认，并请记账户本人进行更改或记录。

账页初审要按照先审核资料的完整性，后审核资料的逻辑性，再审核资料的准确性三个步骤进行。

首先进行资料完整性的审核。一看现金账和实物账是否齐全；二看分月账页是否齐全；三看有无缺点少户现象；四看各记账户的分月账页日期是否连续，有无缺失；五看单位、数量、备注等应记项目是否齐全。

其次进行资料逻辑性的审核。一看总体收支情况与本户的实际生活状况是否相符；二看当支出大于收入时，检查是否有其他收入来源；三看本月各项收入与前几个月相比有无明显的不同，如发现异常要及时向记账户核实。

最后进行资料准确性的审核。一是根据住户成员和劳动力从业表中的人口、劳动力、是否离退休、从业及生产经营等情况，分析记账户的账目是否符合本户实际。审核有无明显的收支漏记、混记、错记等。

（二）账页初审方法

1. 纸质账本封面审核要点

（1）封面要求填写的项目是否填写完整，特别是基本信息填写是否齐全准确，如户主姓名、地址、账本年月、住户电话等。还要检查代记账或多人参与记账的情况是否在账页封面明确标识。

（2）是否及时记录本月住户成员变动情况。调查员在访户和收账本时一定要向记账户核实家庭人口数是否有增减，增减原因是什么，家庭成员的主要就业情况是否有变化。如有变化是否在本月记录了变化情况。

2. 现金收支账审核要点

调查员在收账时可以通过核对记账笔数、有无集中回忆记账、按小类混合记账等来衡量现金收支账是否真实全面，重点做如下检查核实。

（1）检查现金收支和实物收支是否按不同类型分别填入现金收支日记账和实物收支日记账的各项目中。

（2）核实记账周期和记账日期。检查记账户是否按照规定的记账周期记账，账本的起始日期和截止日期是否在规定的调查期内（记账日期为本月1日到本月末）。记账日期是否按照“随发生随记账”的要求，按顺序填写。

（3）检查记账项目的日期、摘要、数量、金额、计量单位是否完整齐全。计量单位的使用是否正确，折算是否合理。特别是出售畜产品，要审核数量、金额、备注(头.元.公斤)是否齐全、对应顺序是否准确。

(4)检查有无重记、漏记、混记现象。发现漏记、错记及时请调查户进行补记或改正，混记请调查户按品种分开记。

(5)关于现金收入，首先要检查收入是否漏记、错记、重记；其次要检查应归入个人名下的收入是否正确归入，尤其是工资性收入一定要在“人员姓名”栏写明是谁的收入；三是家庭共有的收入是否错记；四是检查本月各项收入与前几个月相比有无明显不同，如发现异常要及时向记账户核实；五是一次性大笔收入是否漏记、错记，归类是否准确；六是检查是否存在记账串行、串列现象。

(6)检查单位、银行代扣的各项支出是否漏记。检查单位代扣的个人缴纳的社会保障支出、个人所得税、银行代收的电话费、水费、电费、煤气费、利息税、党团费等是否漏记，社会保障支出是否按要求归入个人名下。

(7)根据记账户的人口、性别、年龄构成、生活习惯及就业者的行业、职业等情况，检查消费量、消费额是否符合常规，消费数量和金额是否相一致。与前几个月比较，购买频率、消费内容、消费额有无异常，如有明显不同及时向记账户核实。检查耐用消费品的购买量与拥有量是否相符，是否如实登记，着重检查错记、漏记的情况。检查相关联的消费是否匹配，如购买了家用汽车的家庭其日常的车用燃料消费、停车费、维修保养费等有无漏记，是否匹配。

(8)检查规律性发生的收支项目有无漏记。如蔬菜种植户在种植季节是否登记了购买种子、化肥等生产资料的支出，收获季节是否登记了出售产品收入等。在学期开学的3月份和9月份，有在校学生的家庭有无漏记书本费或学习用品支出等。

3. 实物收支账审核要点

(1)检查各类从业人员来自单位或雇主的实物产品和服务是否漏记、错记、重记。

(2)春播秋种季节重点检查当年种植农作物的各类成本是否填写齐全,如自产自用的种子、肥料等是否登记入账。

(3)收获季节要根据播种时的面积、用种情况,核对收获的产品、产量是否准确、齐全,产量与出售、消费和库存是否协调。对应在本期发生没有登记,不应发生反而登记的账目,如收获季节没有产量、非收获季节记了产量等情况,要及时核对改正。

(4)要根据牲畜的养殖情况,核对饲料用量,防止漏记。

(5)注意对应折算和不应折算的品种进行审核。如棉花按籽棉登记产量和出售量;薯类产量、出售量不折原粮;出售家畜不折胴体重;家禽按毛重等。

4. 电子记账审核方法

当前,电子记账是采集居民收支数据的主要方式,与纸质记账相比二者只是记账方式差异,对于现金收支账和实物收支账的审核要点有着相同要求。并且,不同于纸质记账每月收取账本并录入数据的方式,电子记账的数据可以及时上传至调查平台,因此可将审核工作分解到平时、落实到日常。

各级住户调查人员应适应数据采集方式的新变化、新要求,积极转变工作模式,实时监控电子数据质量,充分利用系统平台的任务监控、调查户台账、记账概览、账页复核、基础数据审核等功能加强对调查进度和数据质量的监管,重点做好电子记账错误数据退回、未编码数据补码、超界数据核实等账页复核相关工作。

调查员或辅助调查员要充分利用住户调查“e管理”小程序有关功能,经常性在线检查核实调查户记账情况,定期查看记账笔数,通过直接入户、电话、微信等方式加强记账指导和提醒,及时纠正错记、混记、漏记等不规范记账现象。对连续多天未记账、收支项目明显偏少的调查户,应加强联系及时予以提醒和指导。

第五章　住户调查数据处理

住户调查涉及千家万户，数据生产面广、线长、量大，且多个项目间存在样本和数据的共享共用，为减轻基层负担，提升数据质量，2017 年国家统计局推进住户调查应用系统建设，实现了住户调查各专业、全流程相统一的数据处理。本章主要介绍住户收支调查数据处理方法。

第一节　账页编码

将住户记的每一笔原始账目，根据住户调查账页编码体系进行正确归类并赋予相应编码，这个将原始账目进行标准化的过程称之为“编码”。编码正确与否直接关系到报表数据的准确性，是整个数据处理工作的基础。对于纸质记账户，每一笔账页都需要调查员进行编码；对于电子记账户，大部分账目都能实现自动识别编码，部分不能自动识别编码而造成编码缺失的账页，需要由相关人员补充编码。

一、账页编码规则

现金和实物收支日记账页记录采用分类编码方式，编码长度为 6 位。

六位编码的首位码代表编码所属的大类。首位码从 1—6 分别代表：

1——农业生产经营；

2——现金收入（不含农业生产经营）；

3——现金消费支出；

4——实物产品和服务；

5——非消费性现金支出；

6——其他记账项目。

六位编码的第二位码为次类码。后四位编码则分类、顺序兼而有之，视各大类内的分类层次而定。

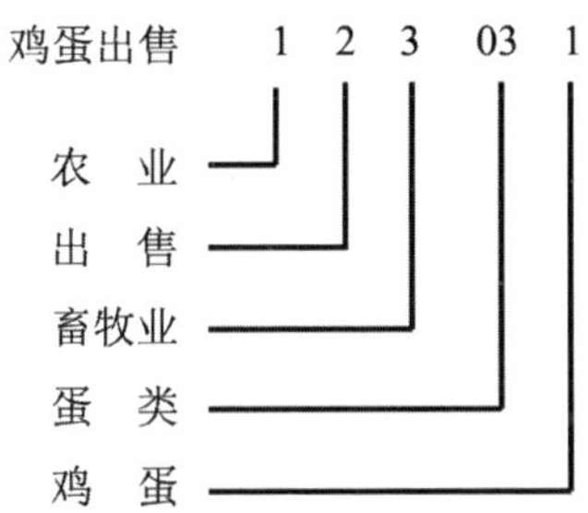

其中，记账项目计量单位的设计基于我国法定计量单位，同时尽可能符合居民的生活习惯。计量单位包括面积单位、体积单位、重量单位、数量单位等，面积单位如“亩”，体积单位如“立方米”“升”，重量单位如“克”“公斤”“吨”，数量单位如“个”“头”“只”“辆”“台”等。记账项目编码后有几个计量单位，该编码就应该填录几笔数据，如“210111”按月发放的工资（含奖金、津贴）的计量单位为“元”，应录入“金额”1 笔数据；“311011”小麦的计量单位为“公斤．元”，应录入“数量”和“金额”2 笔数据。单位为“任选”时，视具体情况选择公制单位或常用单位。单位为“任选．元”时，表明第一个数量单位由用户根据具体情况确定。

录入控制码共有 4 位，主要用于控制是否在该列填录数据。控制码的每一位取值为 1 或 0，1 表示填录数据，0 表示不填录数据。录入控制码的四位取值分别代表数量、金额、备注和人员代码。

二、账页编码要求

无论纸质记账或电子记账，账页编码（含补充编码）工作都是数据处理过程中的一个重要环节,原则上由市县级统计调查机构人员完成;市县调查力量严重不足时,可吸收适量责任心强、专业技能好的辅助调查员参与,但应定期对其进行专业技能培训和考核,考核合格方能从事编码工作,具体工作要求如下。

一是编码人员要认真学习编码手册,熟悉编码内容,了解每笔账目的具体含义,明确编码的类别和归类的使用方法;从国家规定的账页编码表中找出与各个账目相对应的指标编码,填入"编码"一栏中。

二是对于电子记账未编码数据的补码原则上应在记账发生日期后的10个工作日内完成;各季度前两个月的纸质日记账编码录入应在次月月底前完成,各季度最后一个月的相关工作应在关账日前完成。

三是编码实际上是账页审核过程的延续,在进行编码的过程中,可对每一笔账进行一次全面审核,进一步提高数据质量。

四是确保编码准确。对于因使用方言而产生歧义或表述不清晰的记账品名,应及时联系记账户进行核实;如果遇到不同见解或不明白的问题时,要共同讨论,或与上级统计调查机构联系探讨解决,确保编码准确。

五是补充填写标准数量。如果记账户记录的收支项目没有采用公制单位,编码人员要填写根据公制单位折算后的标准数量。

六是编码时,收入要看来源,支出要看用途,以正确归类编码。重点注意区分以下三个方面:一是收入和支出要分清。要区分"买"和"卖"。二是收入和支出的具体归类要分清。收入归类时主要看其来源和性质,如来自雇主的收入是工资,来自自营的收入是经营收入,来自政府的生活补贴是转移收入等;支出归类时主要看其用途,如购买玉米用于食用是生活消费食品支出,用作饲料就是牧业经营支出。三是生活和生产要分清。如购买生活用汽车属于交通工具支出,购买运输用汽车属于购置生产性固定资产。

第二节　数据录入

一、问卷数据录入

问卷数据采集主要有两种方式。一是通过电子方式，在现场访问过程中通过“e 调查”APP 获取受访对象的相关信息并录入到对应问卷页面，同步进行即时审核，核验无误后保存并上传，具体操作及要求见第四章第一节，当前住户调查各专业通过电子方式采集问卷的比率已达到95％以上，问卷数据录入在很大程度上已与问卷填报融为一体。二是通过传统纸质问卷采集数据，经过初审及复核后，由相关人员在系统平台的“问卷录入”页面下将数据逐项录入，认真核验无误后保存到系统中，是对电子方式问卷数据采集的必要补充。

二、账页数据录入

账页数据录入主要有两种方式。一是电子记账过程中通过“e 记账”APP 同步实现数据录入、即时审核并保存上传，具体操作及要求见第四章第三节中“利用‘e 记账’APP 进行电子记账”，当前住户调查相关专业的电子记账率已达到 85％以上，账页数据记录与录入已融为一体，无需单独详述。二是通过传统的纸质账页记录家庭收支情况，经过收账、初审、编码后，由相关人员在系统平台的“账页录入”页面下将数据逐项录入，相应方法及要求如下。

（一）账页录入方法

录入是账页数据采集的基础，需要采取手工方法在系统平台中录入。实际工作中，账页录入与账页审核密不可分，录入时既可再次对原始账页进行审核，也可对编码准确性进行复核。具体而言，在录入编码时要核对编码与账页摘要是否一致，特别是收入和支出是否一致，还要核对单位、数量、金额是否正确。遇到超过系统控制的超限数据时,应认真核对,属于录入错误的立即改正,属于记账错误的与记账户核实后改正,情况属实的,可强制通过并做出审核说明。

(二)账页录入要求

一是专人录入,市县级统计调查机构应指定专人负责账页的录入工作,原则上均由调查员完成。只有在市县调查力量严重不足时方可吸收适量辅调员参与。二是按月录入,每个月及时将账页资料录入系统平台,将录入任务分散到日常工作中。三是进行抽查,在数据录入完成后,应组织人力对录入数据进行质量抽查,核对日记账编码录入的准确性。

第三节　数据审核

账页数据经过初审后即进入数据处理阶段,仍需与问卷数据相结合,借助调查平台相关功能模块从平衡关系或逻辑关系上开展进一步的审核确认,通过认真查询和核实发现并纠正原始资料中存在的错误,确保基础数据的准确性。审核的总体要求是做到平衡关系与逻辑关系审核相结合,报表数据与基础数据审核相结合,汇总数据与分户数据审核相结合,总体数据与结构数据审核相结合。

一、各级人员审核职责

住户调查数据实行全过程审核,结合数据采集、处理和上报流程看,可分为户审、辅调员审、市县级人员审、省级人员审和国家级人员审等多个环节。

1. 户审。电子记账户在使用“e记账”APP记录家庭收支情况时,当录入的内容超出限额范围,系统会进行提示并请记账户再次确认,记账户应据实进行修改或强制通过。

2. 辅调员审。辅调员在审核时要充分利用住户调查“e管理”小程序有关功能，经常性在线检查核实调查户记账情况，发现问题及时予以提醒和指导。

3. 市县级人员审。市县级人员要遵循“日审周清月结”的要求，经常使用平台“账页复核”页面相关功能审核账页数据缺码、超限等问题，并于当月核改相关数据或填写审核说明。每月使用平台“记账概览”页面相关功能对多日未记账、记账笔数过少等记账户的情况进行核实，定期使用平台审核公式进行数据审核并据实核改提示问题。

4. 省级人员审。省级人员可根据本地实际情况补充定制数据审核公式并对相关数据进行复审复核，应定期使用平台查看各地审核工作进度，对错误未修改、审核说明缺失或存疑的，反馈相关地区并督促核实修改。

5. 国家级人员审。国家级人员定期使用平台监控了解各省数据审核情况，可根据工作需要通过多种方式进行必要的复审复核，对发现的问题予以提醒并督促核实修改。

二、审核内容

从审核内容看，审核分为基础数据审核及报表审核。

（一）基础数据审核

1. 热审。利用“e 记账”“e 调查”进行电子数据采集以及在平台录入账页、问卷数据时，会同步审核数据范围，查找异常数据。遇到数值超界时，应认真核对，属于录入错误的立即改正，属于记账错误的与调查户核实后改正，情况属实的，可强制通过，并填写记账说明。

2. 账页复核。各级调查人员可利用平台“账页复核”相关功能审核修改账页数据缺码、超限、控制码不完整等问题，按相关工作要求进行电子记账的错误数据退回，做好未编码数据补码，对于调查户使用非标准单位记账的“数量”，可据实折算为标准单位的“数量”，对于编码、人码等明显错填问题，调查人员可核实后改正并在“审核说明”中备注核改情况。

3. 公式审核。通过审核公式文件审核逻辑关系是提高基础数据质量的重要手段,审核公式由方案设计者或用户根据编码体系和工作需要编写。具体操作是:进入平台基础数据审核相关页面,选择需要审核数据的区域,最小可选至调查小区,选择需要的审核公式,提交审核任务,平台处理完成后会出现相应的审核日志和审核结果。点击审核结果可以查看审核问题清单,根据审核问题类型和问题指标提示修正数据,情况属实的,填写审核说明。

(二)报表审核

对于报表进行逻辑审核可查出基础数据审核时不易发觉的错误,如漏记、编码错误等,从而进一步夯实基础数据质量。报表审核的具体内容由审核公式确定,由于审核对象是计算生成的分户报表,要在执行了报表计算之后方可进行。具体操作是:进入平台的报表审核页面,选择需要审核的区域、年份、报告期,确定审核文件(即审核公式),点击“审核”,即可进行报表数据的审核。在全年报告期下进行分户表审核时,选择了相应的户表审核公式外,会多出“价格周期”的选择,默认选择“本年度(调整列)”。

完成上述审核,进行数据汇总后,要注意查看汇总数据两年对比情况。如住户收支调查,一是查看主要收支指标,包括收入四大项和消费八大项,结合当前经济形势查看有无异常;二是查看相对稳定的指标有无异常波动,如主要食品消费量、耐用消费品拥有量等;三是注意查看指标间的逻辑关系,如出售猪肉价格与购买猪肉价格趋势是否一致等。

三、审核结果处理

从对审核结果的处理看,审核分为强制性审核、必要性审核和提示性审核。

强制性审核的逻辑关系确定,审核结果通常不符合制度填报要求,存在数值越界或者违背自然规律等基础性错误，必须核实后根据实际情况对数据进行修正。必要性审核的逻辑关系较强，往往意味着出现罕见的异常情况，不符合经济社会一般规律，需要调查人员逐条进行核实，对于发现的错误及时更新，确系实际情况的，不用进行修改，但应认真填写审核说明。提示性审核的逻辑关系基本确定，审核结果通常超出一定合理范围，与大多数经济社会规律不一致，提示数据处理人员要进行认真核实，如果有误，则据实更正，如果经核实无误，不用进行修改。

第四节　数据汇总

一、报表计算

报表计算是指将账页数据和调查问卷数据根据计算公式加工生成分户报表数据。计算公式由住户司依据调查方案和数据生产及发布需要统一进行编制，数据处理人员应熟知计算公式。

以住户收支调查为例，季报时选择相应的报表周期和计算公式，计算生成分户报表数据。年报时，报表周期选择“全年”，要先以省为单位计算生成本省份价格文件，由省级调查人员对计算结果进行核实确认后，方可计算生成年度分户报表数据。

二、权数管理

住户调查的样本权数伴随样本抽选过程同步产生，根据抽样设计可分为区县、小区、住户等多级权数，最终权数是各级权数的乘积，由住户司统一计算生成后导入平台，在各报告期数据生产过程中由相关人员逐季进行继承和维护。计算生成分户报表后，可根据需要调用相应权数进行加权汇总。

三、数据汇总

数据汇总是指各级住户调查人员在平台相关页面上调用已定制的分组汇总公式，加载统一的权数对计算生成的分户报表数据进行加权合计，还可根据实际需要按照样本城乡属性、人均收入水平等进行分组加权合计，从而生成本地区主要调查数据汇总结果。

四、数据输出

数据输出是指各级住户调查人员在平台查看或导出本地区样本信息、基础数据、分户表数据、权数数据及汇总结果等。报表输出相关页面主要包括“自定义报表输出”“常用表输出”“常用反馈表输出”和“基础数据导出”等，分别对应不同类型数据的查看与输出。

第五节　数据上报

数据上报是按照预先设定的业务流程规则，在规定时间内将本地区各类数据按要求上报至上级统计调查机构或相关人员。住户调查各专业数据上报统一通过平台进行，上报前应认真检查核实上报内容在地域范围和数据类型方面的完整性，避免出现错报、漏报等情况。

第六章　住户调查数据质量管理

第一节　实施过程数据质量管理

数据质量是统计工作的生命线，同时也是住户调查工作的重中之重。住户调查数据质量管理可以分为实施过程数据质量管理和源头数据质量核查。实施过程数据质量管理指在住户调查开展过程中，从样本管理、数据采集和数据处理三个重点环节入手，采取多种措施提高数据质量。

一、样本管理

样本轮换过程中，各级统计调查机构和人员应按照抽样方案及实施细则规范开展小区和住户样本的抽选和落实，严格控制调查小区样本替换，努力落实调查户，通过积极争取各方支持尽可能提高开户成功率。对于配合程度低的住户样本，如果经调查员、市县级统计调查机构专业负责人和市县级统计调查机构领导三级人员，三次及以上入户做工作，住户仍拒绝接受日记账或收支问卷调查，方可考虑进行替换。

日常样本管理期间，定期监测调查小区的住宅数变化情况，做好调查小区样本的动态管理。调查小区在因拆迁、自然灾害或其他特殊原因确实无法开展调查的情况下，遵循相关规则和程序进行替换。对于因迁出、不配合调查或其他特殊原因确实无法开展调查的住户样本，严格落实三次上门要求，如果住户仍拒绝接受日记账或收支问卷调查，方可遵循相关规则和程序进行替换。各个调查时期内，还应同步做好小区和住户样本相关标识的维护工作。

调查小区样本一经确定,原则上5年调查周期内保持不变。为防止样本老化,在5年周期内开展住户样本轮换工作,即调查小区原则上不变,对小区内抽中的样本户进行轮换。

二、数据采集

数据采集过程中重点落实以下质量管理举措。

一是按照职责分工开展直接调查。直接调查主要是指调查员、辅助调查员由市县级住户调查业务人员直接担任或直接选用和管理,市县级住户调查业务人员熟悉所负责调查样本的情况并承担数据采集相关具体工作。原则上,市级国家调查队负责市辖区所有国家样本的直接调查;市队人力不足时,至少对部分国家样本开展直接调查,并组织指导市辖区统计局做好其他样本的调查工作。承担国家住户调查项目任务的县级国家调查队和县(市)统计局负责本县(市)所有国家样本的直接调查。

二是规范推广电子记账。为提高数据采集质量和效率,按照尽力而为、量力而行、强调质量、注重规范的原则,动员具备条件的调查户采用电子记账,积极推广电子问卷调查和住户调查"e管理"小程序。同时,注意不强行要求不具备条件或不愿意的调查户进行电子记账,不为提高电子记账普及率而换户。

三是做好特殊类型住户的登记备案和管理。如果调查户家中有多人参与记账或调查户为代记账家庭,应在纸质账本封面做好相关标记,市县级统计调查机构应建立多人记账和代记账的登记台账,并报总队备案。对于经过多方说服工作仍不愿意接受或无法完成日记账的住户,可使用收支问卷采集数据。无论多人记账、代记账或收支问卷,在数据采集方面均可视为特殊类型住户,应在系统平台及时做好相关标识的维护。

四是面访采集问卷数据。住户调查问卷逻辑关联性较强，填写难度较大，因此须由调查员或经过培训且专业技能较好的辅助调查员逐个面访填写并现场核实，其中年报调查问卷主要由调查员到点入户面访。为保证问卷填写的真实性，调查问卷填写后由调查对象签字确认。无法面访的调查户最终进行远程访问的，要做好相关情况记录。使用“e 调查”APP 进行访问的，在完成访问后当场核实并及时上传数据。

五是规范做好数据核改。住户调查所有账页和问卷数据必须来源于调查对象的真实填报。数据采集工作中，市县级住户调查业务人员要充分利用线下工作场合和系统平台有关功能，经常性检查核实调查户记账情况，对相关数据进行初步审核。发现错记、混记、漏记等问题时，及时核实并请调查户改正或补记，对于纸质账本中应由调查户本人修改但非本人修改的内容，由调查户签字确认。为避免给调查户增加过多记账负担，对于调查户使用非标准单位记录的“数量”，调查人员可据实折算为标准单位的“数量”；对于编码、人码等明显错选的问题，调查人员可核实后改正并在“记账说明”中备注核改情况。

三、数据处理

市县级住户调查业务人员要及时做好电子记账未编码项目的补码、纸质日记账数据的编码录入、纸质调查问卷数据的录入等工作。市县调查力量严重不足时，可吸收适量责任心强、专业技能好的辅助调查员参与，但应定期对其进行专业技能培训和考核，考核合格方能从事编码和录入工作。

除在数据采集过程中实时加强对日记账和问卷调查数据的审核外，各级住户调查业务人员还要在月末和季末进一步加强对调查数据的综合审核，发现日记账和问卷数据存在问题的，按照有关规定进行核实修改。关账日期后，数据处理程序按照各住户类调查项目的样本和数据范围，形成分调查项目的专业库，相关业务人员要继续做好计算汇总等工作。

市县级统计调查机构按照总队确定的各调查专业数据处理时限要求，将数据和相关情况说明按时上报总队。总队按照住户司确定的各调查项目的数据处理时限要求，将调查数据、主要指标初步汇总结果、数据处理情况说明、主要数据情况分析材料等按时上报住户司。

第二节　源头数据质量核查

源头数据质量核查是指对调查数据质量和基础工作情况进行核查，查找不足、改进工作，促进提升住户调查工作规范化水平和基础数据质量。住户调查的调查对象，以及负责采集调查问卷等基础统计资料的调查员、辅助调查员是源头数据质量核查的主要核查对象。在核查过程中，从样本信息质量、基础数据真实性、基础数据完整性和准确性、基础数据及时性四个方面较为全面地评估源头数据质量。

一、核查职责

住户司负责制定住户调查数据质量核查办法，组织开展全国层面的数据质量核查，及时向相关总队反馈核查结果并督促整改，指导各总队加强住户调查数据质量核查工作。

总队负责建立健全本地区住户调查数据质量核查相关工作制度，组织开展本地区住户调查数据质量核查，及时向相关市县级统计调查机构反馈核查结果并督促整改，指导本地区各市县加强住户调查数据质量核查工作。

市县级统计调查机构负责按照住户调查数据质量核查相关工作要求，对本地区住户调查基础工作和数据质量开展自查，根据上级反馈核查结果按时按要求做好问题整改，定期到点入户，检查和指导调查员、辅助调查员工作和调查户记账情况。

二、核查内容

（一）样本信息质量

样本信息质量的好坏取决于两个方面：一是调查对象提供的住宅地址、联系电话、调查方式等住户调查所需的样本基础信息是否真实、准确、完整、及时；二是调查员和辅助调查员是否按照有关工作要求，完成样本落实、摸底和开户调查、样本信息更新、样本变动情况核实报告等工作。

（二）基础数据真实性

基础数据真实性指调查对象是否按照住户调查制度要求，如实提供住户调查所需的家庭现金和实物收支日记账、家庭及家庭成员情况、社区基本情况、县（市、区）职工社会保障缴费比例、农民工就业及收入情况等统计资料；日记账数据是否由调查户根据其家庭收支实际情况填报；如果调查户确因不识字、身体条件不允许等特殊原因无法自助记账，是否按规定授权亲友、辅助调查员等指定人员使用纸质账本代为记账；调查问卷是否由调查员或经过培训且专业技能较好的辅助调查员逐个面访填写、现场核实，其中年报调查问卷是否主要由调查员到点入户面访；调查对象是否按照访问内容逐项如实回答，并对问卷填写内容进行签字确认；因调查户在外地等特殊原因无法面访的，调查员如果通过电话等方式远程访问，是否做好相关情况记录；使用“e调查”APP进行访问的，调查员是否在完成访问后当场核实并及时上传数据。

（三）基础数据完整性和准确性

基础数据完整性和准确性指调查对象是否按照住户调查制度要求，完整、准确提供住户调查所需的统计资料。对于日记账数据，调查对象是否按照日记账工作要求，认真记录家庭日常收支项目，努力消除多记、漏记、错记、混记、重复记、录入错误等问题。对于问卷数据，调查对象是否在理解调查员访问内容的基础上，认真回答问卷各项问题，努力消除漏答、错答、回答不准确等问题。发现日记账数据不完整或存在错误时，调查员或辅助调查员是否返回调查户进行补记或改正，对于经调查户同意后代为修改的内容是否由调查人员和调查户共同签字确认；发现问卷数据不完整或存在错误时，调查员或辅助调查员是否向调查对象核实后进行补充或改正，并由调查对象签字确认。

（四）基础数据及时性

数据填报的及时性指调查对象是否按照住户调查制度要求，按时提供住户调查所需的统计资料。对于日记账数据，调查对象如果不按照“收付实现制”原则，及时记录家庭日常收支项目，往往会出现多记、漏记、错记等问题。对于问卷数据，调查员或辅助调查员按照各季（年）报调查问卷填报时间要求，按期访问调查对象，并做好调查问卷填写、核实和上报工作，是更新和维护样本信息、评估样本代表性等工作的基础。

三、核查方式

源头数据质量核查方式包括现场检查、电话抽查、问题线索核查等。

（一）现场检查

现场检查是指选取部分地区和调查样本进行实地核查，是数据质量核查的主要方式，一般采取抽查方式开展。原则上，对于国家样本网点，在每一轮样本的 5 年调查周期内，住户司实现 1 轮对各省份的现场检查“全覆盖”；各总队至少实现 1 轮对本地区各市县的现场检查“全覆盖”，有条件的总队可根据本地实际增加现场检查频次。

现场检查坚持问题导向和目标导向。检查前，制定检查方案，明确拟检查地区及样本范围、检查主要内容、重点问题、检查工作流程和方法等，做好检查组组建、被检查对象相关情况材料搜集等准备工作。现场检查时，采取查阅工作资料、复核日记账和问卷、机账数据对比、实地入户访问、询问辅调员、召开座谈会等形式深入了解情况，并认真做好检查记录。检查后，及时梳理分析发现的问题，有针对性提出工作改进建议，形成检查报告并反馈被检查地区及时改进。

现场检查的主要内容包括：

1. 调查样本质量。包括样本真实性、样本信息准确性、样本替换规范性、样本代表性、样本轮换工作质量(仅在样本轮换年份核查)等。

2. 源头数据质量。包括住户调查日记账、调查问卷等基础数据的真实性、准确性、完整性和及时性等。

3. 基础工作质量。包括数据采集上报和审核处理规范性、市县级直接调查情况、调查员和辅助调查员管理、调查业务培训和调查方案掌握、调查工作制度细化完善、调查资料归档和安全管理等。

4. 调查信息化水平。包括电子记账和电子问卷调查推广质量、系统平台使用熟练度和规范性、电子调查数据质量监管质效、应用系统数据安全管理情况等。

5. 调查条件保障。包括住户调查人力配备、调查经费保障、相关设备配置等。关于调查员和辅助调查员配备数量，原则上每 50 户至少配备 1 名调查员、每个调查小区配备 1 名辅助调查员。

(二)电话抽查

电话抽查是指各级统计调查机构根据工作需要，在每季度数据采集和处理工作基本完成后，选取一定数量的调查户或针对个别存疑数据，直接向调查对象进行电话核实。有条件的地区可定期适度组织开展电话抽查，核实了解调查户家庭基本情况、收入变动概况以及调查人员工作情况等，对本地区住户调查基础数据质量进行研判和有针对性改进。

(三)问题线索核查

问题线索核查是指对于上级统计机构和有关部门移交的源头数据质量问题线索，相关统计机构要通过实地核查等方式，按时按要求完成有关问题线索的核查工作。同时，举一反三，认真组织有关单位开展自查和全面排查，确保问题核查深入、彻底、全面、到位。

第七章　住户调查数据发布和数据安全管理

第一节　数据发布

一、数据发布规定

国家统计局根据数据发布相关规定，按季度和年度向社会公开发布全国和分省住户调查数据主要结果。季度主要发布全国及分省居民收入、消费数据，季末外出务工农村劳动力规模及月均收入等；年度在季度发布指标外，会发布更加详细的指标数据。各总队发布本地区及分市县数据，发布时间不得早于国家统计局发布全国数据的时间。各地不得自行增加分省数据的发布频率，分市县住户收支调查数据结果可适当降低发布频率。总队应将调查主要数据结果及时提供本省统计局和党政有关部门。

二、数据发布形式和内容

国家统计局采取多种数据发布形式满足政府部门、社会公众等对统计数据的多样化需求。全国和分省季度数据结果于季后通过新闻发布会、国家统计局官方网站、国家数据库等公布；年度数据结果除上述途径外，还在次年通过《国民经济和社会发展统计公报》《中国统计年鉴》《中国住户调查年鉴》《中国住户调查主要数据》等形式公布。此外，日常还会通过局长信箱、公众咨询、常见问题解答、“两微一端一抖”等进行宣传解读。

(一)新闻发布会

国家统计局定期举行月度、季度和年度国民经济运行情况新闻发布会,由国家统计局新闻发言人面向社会发布国民经济和社会发展主要指标数据,并回答中外记者的提问。在季度和年度新闻发布会发布的数据中包括住户调查主要数据结果。

(二)国家统计局官方网站(www. stats. gov. cn)

国家统计局官方网站的"最新发布与解读"栏目按照国家统计局主要统计信息发布日程发布统计数据,其中住户调查数据主要按照季度和年度发布居民收支状况相关指标,农民工调查监测报告发布时间一般为每年 4 月,具体发布日期可查阅《国家统计局主要统计信息发布日程表》。

(三)国家数据库(data. stats. gov. cn)

国家统计局数据发布库可以通过官方网站中"国家数据"栏目进入。季度主要发布全国及分城乡居民人均可支配收入、人均可支配收入中位数、人均消费支出的水平及增速,收入和消费构成情况,季末外出务工农村劳动力规模及月均收入,以及分地区居民收入和消费情况等。年度除上述数据外,增发更加全面的居民收入、消费及生活状况数据,包括全国及分城乡按收入五等份分组的居民收入、居民食品消费量、每百户耐用消费品拥有量、基尼系数、恩格尔系数、农民工规模及收入,以及分地区居民食品消费量、每百户耐用消费品拥有量等数据。

(四)统计出版物

住户司每年编撰出版的《中国住户调查年鉴》全面反映中国城乡居民收支、生产和生活状况,是查询住户调查数据的主要出版物,收录了历年全国及分城乡居民收支与生活状况主要数据,以及分地区、按收入五等份分组和按 4 个经济区域分组的住户收支与生活状况主要数据,还包括脱贫县农村住户监测调查主要数据、农民工监测调查主要数据和农村住户固定资产投资情况等其他住户类调查数据。还可通过国家统计局的其他出版物查询到住户调查的相关数据，如综合性统计资料《中国统计年鉴》、综合性简明统计资料《中国统计摘要》《金砖国家联合统计手册》《中国农村统计年鉴》等。

（五）两微一端一抖

住户调查部分数据或解读在国家统计局官方网站进行发布后，还会通过国家统计局官方微博“@中国统计”、官方微信“统计微讯”和手机客户端“数据中国”予以公布；此外，部分数据也通过官方抖音号“统计微讯”公布。

三、统计分析报告的发布

（一）定期发布的分析研究报告

一是国家统计局出版的《中国居民收支与生活状况报告》，该报告对全国及分省的居民收入、消费和生活状况进行全面描述和分析，系统反映我国城乡居民收入和消费的变化、生活状况的改善和居民收入分配格局的现状等；二是每年国家发展和改革委员会和北京师范大学共同编撰的《中国居民收入分配年度报告》，其中收录“全国居民收入分配状况”“城镇居民收入分配状况”“农村居民收入分配状况”，深度解析全国及分城乡居民收入增长及收入分配状况；三是每年中国社会科学院农村发展研究所和国家统计局农村社会经济调查司共同编撰的《农村绿皮书：中国农村经济形势分析与预测》，其中收录“农村居民收入与消费状况分析”，着重对农村居民收入与消费状况进行评价分析。

（二）重大时间节点的成就报告

在国家统计局发布的系列成就报告中，可查找不同时期居民收支与生活状况相关统计资料，涉及对住户调查数据深入的跨周期分析研究。如2019年出版的《新中国成立70周年经济社会发展成就系列报告》，反映了1949—2019年新中国成立70年来人民生活发生的巨大变化。2021年出版的《全面建成小康社会成就报告》反映全面建成小康社会进程中我国经济社会发展取得的辉煌成就，类似的成就报告还包括2021年出版的《迈向高质量发展："十三五"经济社会发展成就报告》《人间奇迹——中国脱贫攻坚统计监测报告》，2022年发布的《党的十八大以来经济社会发展成就系列报告》和出版的《奋进新时代 谱写新篇章——从十八大到二十大》等。

四、省级以下数据的发布

住户调查制度规定，按自上而下的顺序依次发布国家、省、市、县级数据。各总队及时向本地统计局和党政有关部门提供主要数据结果，并通过新闻发布会或门户网站等渠道向社会公众公布本省住户调查主要结果数据。年度数据资料还会在次年通过本地统计公报、统计年鉴公布，部分总队也会编印调查年鉴并在其中公布住户调查结果数据。各市县级统计调查机构及时向当地党委政府和相关部门提供住户调查主要结果数据。当城镇（农村）样本量不足50户时，不得公开发布城镇（农村）居民收支数据。

除常规的调查数据结果发布外，省级以下统计调查机构根据调查数据结果，开展有关居民收入、消费支出和生活状况等方面的统计分析，客观反映本地居民生产生活状况，并以政务信息、统计分析报告等形式报送各级党委政府，提供相关部门参考使用。此外，各地通过门户网站、官方公众号等平台，综合运用新闻解读稿、视频动画等形式多样的统计数据解读产品，积极做好住户调查数据结果发布解读工作。

五、微观数据的开放

国家统计局目前主要通过国家统计局微观数据实验室、国家统计局—北京大学数据开发中心、国家统计局—中国人民大学数据开发中心推进微观统计数据开放共享。截至2024年，在相关数据平台上，已提供发布7个年份的住户调查微观数据资料，分别涉及2005年、2008年、

2010 年、2013 年、2015 年、2017 年和 2020 年。

从样本量上看，每个年份的数据都是 2 万户，其中城镇住户 1 万户，农村住户 1 万户，样本覆盖 31 个省(自治区、直辖市)，在全国和分省的层面上具有较好的代表性。从提供的指标数据看，共计 30 余个，在不同年度之间具有较好的连续性和一致性，指标变量主要包括省码、城乡标识、户规模、可支配收入及收入四大项、消费支出及消费八大项，以及家庭耐用消费品拥有情况。基于对受访者基本信息安全的保护，对外提供的微观数据进行了严格的脱敏处理，不涉及任何能够识别个体身份的敏感信息。

第二节 数据安全管理

数据安全管理是指在统计数据采集、存储、使用、加工、传输、提供等业务工作过程中，严格按照有关法律法规和统计数据安全管理工作要求，规范各级统计调查机构数据处理活动，加强对调查数据的安全管理，保障调查数据安全。在住户调查工作中，主要从以下五方面加强数据安全管理。

一是压实数据安全管理责任。各级统计调查机构和人员按照“谁管业务，谁管业务数据，谁管数据安全”的原则，坚持谁生产谁负责、谁管理谁负责、谁使用谁负责，切实增强数据安全管理责任意识。强化本地区住户调查数据的采集、存储、加工、使用、传输、提供、公开、归档、销毁等全流程安全管理。严格按照有关要求做好本地区住户调查数据安全风险监测，及时排查安全隐患，采取必要措施防范数据安全风险。

二是分类分级管理。各级统计调查机构按照统计数据分类分级标准规范，做好本地区住户调查数据的分类分级管理和分级防护。

三是规范数据使用。对外提供住户调查数据时，统计部门严格按照有关规定做好审批等安全管理，禁止擅自对外提供或以任何方式泄露重要数据和核心数据，禁止非法买卖住户调查数据。在住户调查中获得的能够识别或者推断单个统计调查对象身份的资料，禁止对外提供、泄露，不得用于完成统计任务以外的目的。

四是做好平台管理。根据有关要求，各级统计调查机构和人员做好系统平台的用户管理，包括账号实名制管理、账号密码管理、用户权限控制、离岗离职人员账号停用等工作，并加强对各级用户的业务培训指导，确保所有住户调查人员都能规范使用系统平台开展数据采集、处理等各环节工作。严格管理系统平台中的数据导入导出行为，保证管理到位、责任明确、数据安全。

五是做好资料保存管理。按照统计数据保存管理有关规定，建立健全住户调查数据保存管理制度，做好住户调查数据和相关资料的保存管理。纸质日记账、问卷和相关调查工作记录等资料至少保存 3 年，大样本轮换有关纸质调查资料至少保存 5 年，电子调查数据和相关资料长期保存。

第八章　住户调查数据分析

第一节　数据分析概述

住户调查数据分析是指用适当的统计分析方法对统计调查所生产的数据进行分析，最大化地对数据进行开发和挖掘，以更加有效地发挥数据的功能和作用，为国家宏观经济调控、经济社会高质量发展、民生福祉改善等提供优质高效的统计服务和统计保障。住户调查分析研究和信息报送是住户调查服务党中央、国务院和各级党委政府科学决策的重要载体，是住户调查工作成果的集中展现，也是提升住户调查专业人员能力素质的重要抓手。住户调查作为连续性民生调查，拥有丰富的统计数据资源，住户调查各专业大量的微观数据有待进一步开发利用和深度挖掘。做好住户调查数据分析，及时、准确、全面反映城乡居民以及脱贫县农村居民和农民工等重点群体的收入、消费、就业及其他生活状况，持续开展对低收入群体增收、不同地区和重点群体共同富裕实现程度的监测分析，形成高质量的分析报告，为扎实推进共同富裕、持续增进民生福祉，推动中等收入群体扩大、形成橄榄型收入分配格局持续有力地提供统计支撑。

本章[①]结合住户收支调查、脱贫县农村住户监测调查、农民工监测调查、农民工市民化进程动态监测调查等住户调查主要专业，按照进度分析、专题分析、选题调研分析、模型分析四种数据分析的类型，对各类数

① 参与本章内容撰写的还有国家统计局上海调查总队、湖南调查总队、四川调查总队的相关人员。

据分析的写作特点、基本方法和注意事项进行介绍，并辅之以具体案例进行阐述讲解。

一、住户调查数据分析主要类别和特点

（一）进度分析

1. 定义及作用。进度分析是以定期统计报表数据为基础和依据，对社会经济发展现象在一个时期内的进程、发展速度、变化特点等进行详细描述、解读，并分析影响因素，从而准确反映当前经济社会发展情况，并针对性提出意见建议，为各级党委政府和有关部门提供决策参考。对住户调查工作而言，主要是以季度、年度为周期进行进度分析并撰写报告，着力解读好相关调查数据。住户类调查进度分析主要包括本季（年）度城乡居民收支情况、农民工流动的规模流向及行业分布情况、脱贫地区农村居民收支情况、农民工市民化进程情况等。

2. 特点。一是进度性。由于进度分析是利用定期、连续、一致的统计调查数据，反映经济社会发展的态势和特点，所以必须针对一定的时间周期，通过对一些指标进行同比、环比分析，反映报表数据的阶段性特点。二是时效性。进度分析的性质决定其是时效性最强的一类分析，只有及时提供相关分析情况才能起到反映当期经济社会现象和变化趋势的作用，因此进度分析要求撰稿人必须在“快”字上下功夫，在报表数据确定后及时报送。三是规范性。进度分析已成为统计部门的例行报告，因此住户调查各专业的进度分析基本都形成了适合本专业特点的较为规范的报告结构、框架和分析方法。

3. 范围及频次。范围为开展该项调查的区域。具体频次根据报表生产频率，一般是按季、年等时间段定期进行。住户收支调查、脱贫县农村住户监测调查、农民工监测调查撰写季度和年度分析报告；农民工市民化进程动态监测调查撰写年度分析报告。

（二）专题分析

1. 定义及作用。专题分析是围绕社会经济现象，充分利用统计调

查数据，进行深入分析和严密论证，为解决某个问题或改善某个现状提供参考依据和政策建议的一种分析类型。在住户调查领域，专题分析主要包括两类：一类是通常意义上的专题报告，即基于民生主要指标年度数据，结合社会经济现象，寻找某一切入点进行专门分析研究，以探寻经济社会发展和民生改善某一阶段、某一方面、某一领域的发展变化情况或规律，例如，乡村振兴背景战略下农村居民增收潜力分析、“十四五”时期经营性收入变动情况分析等；另一类是成就报告，即基于重大时间节点，对过去一段时期内住户调查主要民生指标数据的变动情况进行比较分析，以展现社会经济发展成果，如改革开放 40 周年、新中国成立 70 周年、建党 100 周年民生领域的成就报告。

2. 特点。通常意义的专题分析，主要有单一性和深入性等特点。单一性指专题分析不求全面分析整个经济社会现象，仅聚焦某一特定方面或问题进行分析研究；深入性是指专题分析切口较小，因此要求分析时要更加深入、具体、突出重点，比如对于揭示问题的专题调研，需要对问题本身和产生问题的原因进行详细分析梳理，并提出切实可行的对策建议。成就报告与普通专题分析有所不同，具有全面性和正向性等特点。全面性是指成就报告一般需要用跨度较长的时间序列数据，结合各个时期的社会经济情况和相关政策背景，通过多方位、多角度对数据资料进行横向和纵向比较；正向性是指在观点阐述、语言表达上主要采用积极正面的表述。

3. 范围及频次。住户调查各专业均可撰写该类分析，在撰写时需要注意历史数据的收集。专题分析的频次没有具体限制，可在重要时间节点或在各级党委政府和社会公众特别关注涉及住户类调查的某类问题、某项指标时开展。

（三）选题调研

1. 定义及作用。选题调研分析是指聚焦党中央、国务院出台的各项重大决策部署落实情况，围绕各级党委政府关心关注的经济社会民生问题，选取某一具体的、目标明确的、内容较为集中的问题开展快速调研，它的作用主要是为党和政府制定某项政策，解决某个问题提供参考和依据。

2. 特点。一是广泛性，选题调研的主题涉及范围十分广泛，只要是民生领域的热点难点问题都可以成为选题，例如居民消费意愿、农民工就业、脱贫人口增收、困难群众保障、生产生活条件改善等方面。二是快速性，由于调研选题是当下各级党政领导、社会公众较为关注的热点议题，因此需要快速调研、快速撰写报告、快速上报材料，即大家常说的"短、平、快"，才能更好达到调研目的，体现调研意义。根据选题内容，时间周期一般在两三天至两三周不等。三是直接性，选题调研通常要求调查人员要直接深入相关部门、基层一线、居民家庭开展走访调研，收集一手素材和鲜活案例并体现到报告中去。

3. 范围及频次。选题调研范围涉及相对广泛，主要根据选题内容确定。频次也较为灵活，在关键时间点、出现民生热点、经济形势表现一定特点或各级党委政府有明确需求时，及时组织开展相关调研。

（四）模型分析

1. 定义及作用。模型分析是指以住户调查数据为基础，以计算机统计分析软件为工具，利用各种统计分析方法，对批量数据建立统计模型进行处理，从而对社会经济现象进行分析论证，并作出符合客观实际的判断和相关预测，为制定计划、规划和科学决策等提供依据和参考意见。

2. 特点。一是学术性，模型分析以计量经济学为基础，通过统计建模来分析数据和得出结论，在模型构建方面需要符合学术研究的规范，具有科学的结构，从选题、假设、抽样、数据分析，都要遵循特定的程序和规范，具有严密的逻辑性。二是复杂性，统计建模具有较强的理论性，数据收集、模型运行、数据分析、报告撰写都较为复杂，周期长、难度大、要求高，一般是团队协作完成，且对参与人员业务水平有较高要求。

3. 范围及频次。涉及住户类调查的相关领域都可作为模型分析的选题范围，例如居民收入、消费、生活状况等。模型分析没有固定频次，且由于生产周期较长，一般频率较低。

(五)其他

除上述分析类别以外，还有调查快讯、经济信息、典型分析等。调查快讯、经济信息是指对住户调查或其他民生领域的某个情况或问题进行分析，对当期调查数据反映的特点进行简要解读，以“短、平、快”为特点，较为注重时效性，且篇幅较短。典型分析是指在全面统计调查基础上，从中选择具有代表性的典型地区和单位，进行深入细致的分析，以期通过对个体或部分的研究来反映总体或反映典型地区的特殊情况。

二、常用分析方法

(一)对比分析法

对比分析法也叫指标对比法，是通过有关指标的对比来反映事物数量上的差异和变化，然后进一步分析原因的统计分析方法。这种方法通俗易懂、便于掌握，在统计分析中最常用也最常见。对比分析法通常可以分为几种类型。

1. 本期指标与上期指标对比。可以看出各项社会经济指标的动态情况，反映社会经济现象在不同时间的增长或降低程度。根据基期选择的不同，可得到本期实际指标与上期实际指标对比的环比结果，也可得到本期实际指标与上年同期实际指标对比的同比结果。如“2023 年上半年，全国居民人均可支配收入 19672 元，同比名义增长 6.5%，比一季度加快 1.4 个百分点；扣除价格因素实际增长 5.8%，加快 2.0 个百分点。”

2. 收支指标与相关指标对比。通过与同期相关指标对比，开展影响因素分析并提出可行措施。如“十四五”规划纲要中提出“居民收入增长与经济增长基本同步”的目标，在分析中可以将收入增长与经济增长进行对比,"2022 年,全国居民人均可支配收入 36883 元,比上年名义增长 5.0%。扣除价格因素,实际增长 2.9%,与经济增长基本同步。"

3. 不同区域、人群之间的对比。可以反映研究对象一定范围内的水平差距,从而提出应对措施。不同区域之间的比较,如"2023 年浙江全体居民人均可支配收入比全国平均水平高 24612 元,居全国 31 个省(区、市)第 3 位、省(区)第 1 位,仅次于上海和北京。"分城乡之间的比较,如"2023 年,上海城镇居民人均可支配收入 89477 元,增长 6.5%;农村居民人均可支配收入 42988 元,增长 8.2%,城乡居民收入比由 2022 年的 2.12 进一步缩小至 2.08。"

在采用对比分析时,需要注意指标的可比性。指标可比是指在指标内容、计算方法、报告期和影响指标形成的客观条件等方面具有一致性。若指标不可比,应先按可比的口径进行调整,然后再进行对比。比较的结果可用相对数,如百分数、倍数、系数等,也可用相差的绝对数和相关的百分点来表示。

(二)因素分析法

因素分析法是在统计分析时从多个因素的角度展开分析,观察或测定各种因素变动对社会经济现象发展影响的统计分析方法。如在分析居民收入影响因素时,会从宏观经济发展环境、生产经营行业发展状况、劳动力就业变化趋势、房地产及房屋租赁市场现状、民生政策保障等多角度进行分析,以客观反映居民收入的影响变动因素。

1. 政策因素。政策因素对社会经济发展影响显著。如乡村振兴战略实施,对农村居民拓宽增收渠道,实现生活水平提升具有积极影响;稳就业政策出台,对就业岗位增加、居民劳动就业率提升带来正面影响,为工资性收入增长夯实基础;养老金标准上调、医保待遇优化等各类民生政策为转移净收入保持稳定增长提供有力支撑;促消费政策对创新商品和服务供给、繁荣消费市场、激发消费潜能起到积极推动作用。

2. 经济因素。居民收入和消费增长主要取决于宏观经济基本面,也可以说是经济增长的自然结果。各地区的工业增长、产业结构、投资变动、进出口形势等情况以及它们对居民就业和收支的带动影响不尽相同,居民收入和消费增长情况的分析应充分结合地区的经济增长基本面进行。

3. 人口因素。人口因素包括人口数量、受教育程度、密度、结构、分布、流动情况等。人口特征与变动趋势对于收支结构特点与变化有非常重要的影响。

4. 环境因素。环境因素包括人类生活、生产的自然环境和社会环境。如当某地发生洪水、干旱等自然灾害时,其经济状况以及居民的收入水平会在一段时期内受到一定程度影响。某些突发的社会事件,比如疫情暴发,也可能带来居民生活方式与消费倾向的变化。

(三)分组分析法

分组分析法是根据统计研究的任务,将所研究的社会经济现象按照一定标志或特征划分为若干组后再展开分析的统计分析方法。通过分组,可以将同质的对象归并在一起,形成若干“组间异质,组内同质”的小组,加以整理后,运用统计方法来分析揭示研究对象的特征和规律。分组分析更适用于复杂的社会经济现象,但需先对总体有一定的了解,从而形成合理的分组,再借助分组反映总体内部的构成及其变化情况,以及研究组间的关系。住户调查工作中,我们在分析居民收入情况时,通常会按照区域、城乡、收入五等份等分组进行分析,以更加精准刻画居民收入的趋势变动特点。

(四)时间序列分析法

时间序列分析法的原理是将某一个或多个指标的数据按照时间顺序排列形成数列,研究某一现象发展变化的规律,为预测未来发展趋势提供依据。时间序列编制时可以根据分析需要选择月、季度或者年等不同时间单位,也可以用绝对数、相对数或平均数等不同的指标类型来展示。住户调查工作中,我们会根据不同时期来分析居民收入、消费的变化趋势，以掌握某地区居民收入、消费发展特征，进一步研判居民收入、消费未来发展方向。

（五）相关分析法

相关分析法是研究两个或多个变量之间相关关系的统计分析方法。相关分析的目的是揭示各现象之间是否存在相关关系，确定相关关系的表现形式，以及确定变量间相关关系的密切程度和方向。相关系数或指数是用来表示两个变量之间关系紧密程度的指标。在住户调查工作中，家庭特征、收入水平等因素也经常被用来与居民消费进行相关分析。

（六）综合评价分析法

综合评价分析法是一种运用多个指标对一个或多个社会经济现象进行评价的统计分析方法。因为社会经济现象复杂多变，通常都有多个因素在同时作用，只使用单一指标难以做出准确评价，因此综合评价分析法的优势得以凸显。综合评价分析法综合考虑多个指标，可以较为全面地评价对象；同时通过赋予不同指标不同权重，可以突出重要指标的影响力，也可以根据实际需要调整指标和权重，灵活性较高。但需注意避免因指标选择和权重分配的不合理导致评估结果的不公正或不准确。综合评价分析法的具体步骤为：

1. 确定评价指标体系。即根据分析对象筛选确定合适的指标，分类形成指标体系，需要注意指标体系的全面性和系统性。

2. 收集指标数据并进行标准化。主要目的是将不同计量单位的数据进行同度量化处理。具体方法有相对化、标准化、数据聚合、归一化等。

3. 确定各指标权重。根据各个指标对总体的影响程度赋予不同的权数，从而保证评价的科学性。

4. 计算综合指标。通过处理完成的指标数据与相应权重汇总得出最终得分，并进行综合评价。

（七）案例分析法

案例分析法也称为个案分析方法或典型分析方法，是对比较典型的事物或现象进行全面深入的研究从而获得总体认识的一种科学分析方法。通过对具体案例进行细致分析和研究，特别是一些难点堵点问题，深入了解其发生的原因、表现形式和产生的影响，可以让分析报告更加鲜活和生动，有助于反映问题和提出改进措施。案例可以是某个住户或企业，也可以是某个社区或村委会，还可以是某县，视具体研究的问题而定。案例分析具体步骤为：

1. 案例选取。依据分析需要，案例的选择需要具有一定的典型性，能够反映某一类的现象或问题。

2. 收集资料。全面收集相关案例资料，包括文献、报告、访谈等，需注意资料的可靠性与代表性。

3. 分析资料。系统整理收集到的资料，依据分析研究的问题和内容，对案例资料进行剖析，提炼出用于论证和支撑分析报告的主要观点。

4. 得出结论。依据案例资料分析得出基于事实和数据的结果。要注意，个案不能代表全部，因此在进行案例分析时需要先判断案例本身是否具有一定的代表性和典型性，否则就会失去案例分析的价值并有可能以偏概全。在实际分析研究工作中，案例分析方法通常会与其他分析方法结合起来使用。

第二节　进度分析

进度分析是统计调查部门最常使用的一类应用文体，它以定期（月度、季度、年度）统计调查数据为依据，通过数据收集、统计、加工、分析，对社会经济发展变化的现状、进程、速度等进行描述、解读，分析影响其发展变化的原因，研究其特点，反映存在的问题，研判运行走势，提出对策建议。对住户调查而言，常用的进度分析主要包括季（年）度城乡居民收支形势分析、农民工规模流向及行业分布情况分析、脱贫地区农村居民收支情况分析、农民工市民化进程分析等。

一、住户收支调查进度分析

（一）分析要点

住户收支调查进度分析，一般描述本地区季（年）度居民收入与消费支出水平和收入来源、消费结构，收入与消费增长形势，出现的新情况、新变化、新趋势，收入与消费增长的有利因素和不利因素等。年度的进度分析一般还包括住户成员及劳动力从业情况、居民家庭食品和能源消费情况、住房和耐用消费品拥有情况、社区基本公共服务情况以及其他民生状况。住户收支调查进度分析主要作用是及时向党政领导、有关部门和社会公众提供当季（年）度住户收支与生活状况数据的专业解读和走势分析。

（二）基本结构

住户收支调查进度分析具有较强规范性，需对居民收入与消费阶段性增长情况、结构特点、支撑因素、存在问题等进行说明和分析解读，因此对文章的框架有较为明确的要求。一般包括以下内容：一是居民收入增长情况，包括居民收入水平和增速的同环比变化，与 GDP 增速的比较，收入结构主要变化特点及原因分析，收入增长出现的新情况、新变化、新趋势等；二是居民消费支出增长情况，包括居民消费支出水平和增速、消费增长主要特点、消费支出结构变化及原因分析、服务性消费支出占比变化及主要原因分析等；三是居民收入与消费增长的支撑因素和有利因素分析；四是影响居民收入与消费增长的不利因素或需关注的困难问题分析；五是针对影响居民收入与消费支出增长的困难问题提出相应对策建议。

（三）写作要求

1. 开门见山，突出主旨。进度分析具有较强的指向性，因此报告标题需开宗明义，直切主题。结合宏观经济政策、当前经济形势、党政工作举措，简明扼要说明当前阶段社会经济情况以及带来的城乡居民收入、消费的变化，语言简洁精练、要点明确。

2. 内容充实，观点鲜明。进度分析要重点把握进度性，即充分反映当前阶段居民收入消费的态势和特点。需对居民收支情况的阶段性特征进行详尽的阐述，切实反映当前居民收入消费的情况和特点。围绕总体情况、城乡差异、收入结构（四大项收入）等角度，以增加额、增长率、贡献率、区域排位变化等纵向和横向对比情况，详细阐述居民收入增长情况。消费方面，可通过对总体消费情况以及八大类消费中重点项目分类别、分细项展开深入剖析，准确反映当前居民消费行为和特征。

3. 点面结合，论据充分。进度分析要重点分析当前居民收支数据的影响因素，这对撰写人员的业务水平具有较高要求，不仅需要对居民收支专业有清晰认识，还需要对相关经济指标与居民收支数据之间的逻辑关系有深入理解。因素分析要在正确认识宏观经济形势、详细了解民生政策、准确把握微观调查数据的基础上，分析影响居民收支的关键因素，多角度加以论证。

（四）常见问题和注意事项

在住户收支调查进度分析中，容易出现以下常见问题，需要我们特别注意：

1. 分析缺乏规范性。一般进度分析都有规范表述，如常用的同比名义增长、扣除价格因素实际增长、年均增长率、对收入增长贡献率、拉动收入增长几个百分点、城乡收入比、恩格尔系数等，要避免不规范的表述和使用。撰写进度分析，四大项收入和八大类消费的着墨应该有所侧重，不宜面面俱到，应多关注重点、特点、亮点和难点。

2. 数据文字化表述。进度分析切忌数据文字化，即停留于调查数据的绝对数、相对数的来回说明，或把文中图表中的数据及变化情况再以文字形式进行叙述，没有具体的分析解读，没有讲清数据背后的故事，没有提供新的信息。若基层住户调查专业人员缺少对数据背后的经济现象的理解，没有摸清影响收入消费的深层次问题，就可能说不清道不明，难以深入解析当地居民增收影响因素。

3. 对突出问题分析不全面、无说服力。当报表数据中出现与宏观经济形势趋势不吻合或增减幅度过大的指标时，常常存在分析不全面不充分不深入、影响因素分析不够精准、说服力不强的问题。若出现异常情况时，应从微观数据着手，查看是不是数据异常，当不符合预期时，也可能是新情况、新问题的影响所致，要有合理的、令人信服的解释。政策建议切忌太宏观、假大空、泛泛而谈。

（五）如何提高进度分析质量

1. 加强沟通，把握趋势。加强与地方相关部门如发展改革、农业农村、人力资源和社会保障等部门的沟通联系，多渠道收集薪资、就业、企业经营及农业生产形势等最新信息，为准确研判民生经济形势提供有效支撑。基层住户调查专业人员需及时对当季收支形势进行分析和研判，把调查数据和经济形势结合起来进行分析解读，精准把握经济社会发展变动趋势和居民收支变化的关系。

2. 内容翔实，客观有据。将收集的部门数据条理清晰地进行定性概括，结合当期本地经济形势发展的主要特征和居民收入、消费特点，客观分析收支变化形势；同时注意结合劳动力、农产量、畜禽、农产品价格、农民工监测等统计数据，进行横向对比，加强住户收支数据与相关数据的匹配性分析。

3. 深入分析，适当举例。对于就业、经营、惠农等相关政策的运用，需清晰表述政策的推进时间节点，侧重分析政策落实对居民增收的效果；全面收集新出台、加码及当期退出的各项政策，量化分析各项政策及相关经济形势对居民收入、消费水平的影响。

二、脱贫县农村住户监测调查进度分析

（一）分析要点

脱贫县农村住户监测调查进度分析能够全面、准确、及时反映脱贫

县农村居民收入、消费及其他生活状况，衡量脱贫县农村居民生活改善情况，更好地满足研究制定城乡统筹政策、民生政策和全面推进乡村振兴政策的需要，用高质量分析服务高质量发展。

一是围绕脱贫县农村住户监测调查中四大项收入和八大类消费数据进行描述性统计或横向、纵向对比分析，可以适当运用图表。收入方面，从人均可支配收入的绝对值和增速着手进行分析，优先展示相关数值，进而分析收入结构情况，包括四项收入的绝对值、增速以及占人均可支配收入的比重及增收贡献度等。消费方面，同样从人均消费支出的绝对值和增速着手分析，展示八大类消费支出的绝对值和增速，分析整体消费结构，重点展示当期有特点的消费类目情况。可以进行纵向和横向的对比，也可以使用图表使数据展示更加系统、清晰，避免数字直接文字化。

二是根据当地脱贫地区发展特点，以解剖“麻雀”的方式，深入挖掘调查数据内部的逻辑关系，进一步深入说明当期收入消费数据变化的趋势、特点及影响因素。如从农业牧业增速情况分析第一产业发展情况，分析第一产业经营净收入变化对经营性收入的影响程度。再比如全面分析本省推进乡村振兴战略的各类政策措施、典型案例和季节性、趋势性因素以及其他突发性事件对脱贫县收入消费的影响，通过不同因素对各细项指标的趋势影响分析，剖析当期收入消费的变化情况，并分析是否符合本省脱贫县的收入结构特征和消费习惯。

三是在对收入消费数据总体情况及趋势、特点、影响因素等要素进行全面分析的基础上，结合报表期下点入户访问获取的鲜活案例以及日常开展专题调研的情况，对影响本省脱贫县农村居民收入增加、稳定就业、消费升级等方面的问题以及全面推进乡村振兴方面存在的困难等进行分析。

四是注意对年报期间采集的问卷数据进行挖掘，用以阐述当地农村基础设施建设情况、脱贫县农村居民生活居住条件改善情况、教育医疗等公共服务水平提升情况等内容。

五是在提出相关建议时，要注意分析好本地经济社会发展形势，结合前面文章的分析和发现的问题，提出有建设性的意见和建议，切记不要空洞无物、泛泛而谈。

（二）写作注意事项

1. 注意与乡村振兴政策相结合。在脱贫攻坚战取得全面胜利后，脱贫攻坚与乡村振兴有效衔接成为脱贫地区发展的重要推动力之一，各地在进行脱贫县农村住户监测调查进度分析时，应注意了解和搜集乡村振兴相关政策、当地乡村振兴发展成果等内容，也可以在下点入户时深入脱贫县农村开展调研，了解农村集体经济发展、基础设施建设、农业产业发展等情况，将其与脱贫县农村居民四大项收入和八大类消费的变动情况、特点以及影响因素联系起来进行分析。

2. 注意分析内容的全面性。目前在脱贫攻坚与乡村振兴有效衔接政策的推动下，不少省份脱贫地区农村居民人均可支配收入仍保持较高增速。因此在对数据进行分析时，要注意内容的全面性，不仅仅描述数字的高增长，更要深挖数字背后的影响因素，特别是对政府的产业、金融扶持以及其他促进脱贫地区农村居民增收的政策进行全面梳理和解读。

三、农民工调查进度分析

（一）分析要点

根据工作任务，农民工调查进度分析主要分为农民工监测进度分析和农民工市民化进程动态监测分析两部分。其中，农民工监测进度分析的分析要点主要围绕准确反映农民工规模、流向、结构、就业等情况展开。农民工市民化进程动态监测进度分析的分析要点主要围绕进城农民工就业创业、劳动保障权益落实、城镇基本公共社会服务均等化、城镇落户以及社会融合等方面展开。农民工监测和农民工市民化进程动态监测两类分析的分析对象有所不同，分析侧重点也有所差别，但这两种分析对党和政府科学制定农民工政策、加强和改善为农民工服务工作具有重要意义。

1. 农民工监测调查

农民工监测调查进度分析需对调查期内农民工规模、流向与结构、就业基本情况、社会保障及其他情况、需要关注的问题等进行分析和解读。以年报数据为例,通常包含以下内容:

一是农民工规模和流向。包括农民工总量的绝对数和同比增速,以及本地与外出农民工的规模绝对数、同比增速与占比情况。同时,农民工的外出地、外出半径有新形势新变化时,如外出乡外县内、县外市内、市外省内以及省外的占比、增速有较明显的变化,或外出的省份或地区有较突出的特点,也可以着重分析与解读。

二是农民工从业行业。主要是农民工在第一产业、第二产业和第三产业的分布及同比变化情况,重点关注吸纳农民工就业较多的制造业、建筑业、批发和零售业、住宿和餐饮业等行业中农民工从业的占比及同比变化情况。在分析变化原因时,注意结合宏观经济政策、产业发展特点、就业支持力度等内容进行多角度分析。

三是农民工的就业质量。就业质量主要包括工作收入、工作时长、福利及社会保障、工作稳定性等方面。其中工作收入包括平均月收入和实际获得的收入;工作时长包括年人均从业月数、月均工作日数及日均工作时长;工作稳定性包括从事当前工作的时长以及更换工作的次数等。可以对所有指标进行系统阐述,也可以根据指标之间的逻辑关系与因果联系进行解析。

四是其他方面的情况变化。包括农民工性别比例、年龄结构、受教育程度、就业状况、劳动参与率等方面的变化,以及农民工就业创业的新动向等内容。在年度分析中可以关注农民工春节返乡与节后返岗的新趋势,以及职业技能培训、工资拖欠等情况。

五是影响农民工高质量就业的因素或当前农民工就业存在的问题。

该部分可以来自对数据的分析解读，也可以来自报表期间下点入户的走访调查，也可以来自定期或不定期组织的专题调研，主要对当前影响农民工高质量就业的问题进行阐述。

六是提出相关政策建议。通常需要结合本地社会经济发展的实际情况，针对前文指出的问题提出相应的政策建议。

2. 农民工市民化进程动态监测调查

农民工市民化进程动态监测调查是年度调查，包含了非常丰富的内容，除了家庭人员基本情况、就业状况外，还包括健康及养老、社会融合、儿童教育、生活消费、居住条件等内容。

在进行农民工市民化进程动态监测调查分析的过程中，为了避免文章没有重点，可以结合当年调查问卷内容，选取党政领导最为关心、社会民众最为关注的热点方向进行分析。通常包含以下内容：一是就业基本情况，包括从业人数比例、就业时长、就业收入、就业满意度、福利及社保待遇等。二是社会融入情况，包括业余社交状况、娱乐情况、社区活动参与状况、满意度等。三是生活状况，包括生活消费情况、对本地的适应度、融入度、定居意愿、居住条件、买房及落户意愿、就医及养老状况等。四是儿童教育，包括所上学校类型、对师资条件的评价、教育费用、对儿童身心健康评价、对教育状况的满意度等。五是推进农民工市民化的建议，可以针对前文所阐述的问题和情况，提出适度、合理的建议。

（二）写作注意事项

1. 注意对宏观形势的把握。国际国内经济发展情况以及政策环境都会对农民工就业状况产生影响，如中美贸易摩擦对我国沿海地区外资、外贸企业从业的农民工的冲击和影响；每年由人社部门组织的“春风行动”为农民工提供了就业服务与就业机会，加快了春节后返岗的速度与效率，也保障了农民工的合法权益。因此在进行农民工监测进度分析时，要对当前的宏观经济形势有所了解和掌握，不仅要知晓本省和全国的总体情况，更要对本省农民工的流入流出情况进行梳理，为数据分析、观点提炼夯实基础。

2. 注意对农民工群体结构的分析。随着时代的发展进步，农民工群体的性别比例、年龄结构、受教育程度、照顾家庭的意愿等均发生了一定变化，并且当前农民工的就业倾向、行业选择也随着经济结构转型升级、“三新”经济逐步发展发生了变化。在进行进度分析时，要充分考虑农民工供给端要素变化对就业情况产生的影响，特别是在农民工就业形势发生新变化、产生新特点时，要从供给和需求多个角度进行分析，以求得出符合客观实际的结论。

3. 注意农民工调查问卷的使用。由于目前农民工监测调查和农民工市民化进程动态监测调查数据分析主要在省级层面开展。省以下层级的地区可以对调查问卷的内容进行挖掘，以“信息型”分析报告的形式来阐述本地区的情况。在进行该类分析时，要注意对调查户个人信息进行保密，要注意调查样本的代表性，要结合本地区经济发展情况、政策颁布情况、措施执行成效等内容，对问卷情况进行分析，不能简单地就样本论样本，避免以偏概全。

第三节　专题分析

我国现行住户类调查主要包括住户收支调查、脱贫县农村住户监测调查、农民工监测调查、农民工市民化进程动态监测调查等，调查数据涵盖不同人群的收入、消费、就业以及生活状况，具有数据体量庞大、时间序列稳定、社会关注广泛等显著特点。通过专题分析研究，深入挖掘数据信息，客观反映居民收支状况与生活质量，可以为各级党委政府制定民生保障政策和促进高质量发展提供优质的统计服务。

一、开展专题分析的工作流程

（一）确定主题

专题分析要求结合社会经济发展中的重点和热点，聚焦某一问题或某一方面进行分析研究，具有分析主题集中、研究重点突出、报告内容聚焦的特点，例如乡村振兴农民增收、促进实现共同富裕、扩大中等收入群体、提振居民消费活力等。专题分析的主题要有扎实的资料基础与完备的数据支撑，这样才能得出科学客观、有理有据、令人信服的分析结论。

（二）制定框架

写作框架是一篇分析报告的“骨骼”，决定了分析报告的写作思路和研究路线。专题分析通常包括导语、描述现状和特点、指出问题或影响因素、分析成因、得出结论、提出对策建议这几个部分，围绕“提出问题—分析问题—解决问题”的内在逻辑进行数据剖析。例如，研究城乡居民收入差距问题时，首先要分析城乡居民收入差距的现状、结构特征和变化趋势，其次多角度探究收入差距的影响因素，最后有针对性地提出缩小城乡居民收入差距的对策建议。

（三）分析撰写

专题分析报告的撰写一般采用递进结构，整体上按照框架既定的逻辑路线，依次开展论证，由于各部分之间存在逻辑关系，在报告中的位置顺序不可随意调整。分析过程要讲求“三度”，一是要有“长度”，对较长的时间序列数据进行事物的变化趋势分析；二是要有“深度”，利用多种分析方法对统计数据，尤其是微观层面的统计数据，进行更深层次的分析；三是要有“广度”，用于分析的数据或资料基础应当是多源的、广泛的，不仅仅局限于住户调查数据本身，还可以引用其他宏观经济指标或专项调查数据，尽量做到数据翔实、论证有力、分析透彻。

二、常见的专题分析选题

（一）围绕乡村振兴、共同富裕等国家战略选题

在选题时可以围绕政策背景，对社会经济发展推动居民收入增长的新情况新特点展开分析。比如在乡村振兴战略背景下，分析农村居民收入在党的十九大以来的变动趋势，梳理促进或制约农村居民收入增长的

因素，提出促进农村居民持续稳定增收、全面推进乡村振兴的可行建议；又如共同富裕背景下居民收入专题分析，可以从城乡差异、区域差异、群体差异展开，结合各区域经济发展情况、产业分布特点对收入差异产生的原因进行分析，也可以结合收入结构情况对经营净收入、转移净收入等某一项收入来源的增长形势、制约因素与发展潜力等方面进行分析，为进一步推动全体人民共同富裕提供参考依据。

（二）围绕挖掘消费潜力、促进美好生活选题

居民消费对经济发展发挥着重要作用，对其进行深入挖掘具有较强的现实意义。在选题时，可以从提振消费信心、挖掘消费潜力入手，对比不同时期、不同群体居民消费的情况，对居民消费的增长趋势、居民消费的变化与差异进行分析，对诸如“银发族”“育儿家庭”“女性消费者”等不同群体的消费水平和特征进行分析，从而提出具有针对性的促消费建议；还可以从提升居民生活质量、实现美好生活入手，关注居民消费结构或特定消费类型，比如服务性消费、文旅消费等，结合当前消费市场的热点与趋势，提出进一步推动消费提质升级、增进民生福祉的措施。

（三）围绕政策聚焦的重点人群选题

选题时还可以聚焦社会热点和政策重点，对各级党委政府关心关注的农民工群体、低收入群体、中等收入群体等重点人群进行专题分析。如以农民工群体为选题，可以对历年农民工监测和农民工市民化进程动态监测的调查数据进行整合和挖掘，重点分析农民工群体的就业状况、收入水平、生活质量等，结合农民工群体的有关政策、就业形势、社会保障、诉求期盼等，形成更为深入的分析成果。在持续推进共同富裕的背景下，低收入群体、中等收入群体的收入变动和生活状况也是重要选题方向。可以重点分析低收入群体的收入水平、就业状况、困难因素、帮扶需求等，也可以关注中等收入群体的人群特征、收入结构特点、生活质量水平等，为推进全体人民共同富裕精准施策提供参考依据。

三、写作要点和注意事项

（一）选题要精准

专题分析主题面广，题材丰富，文章篇幅相对灵活，因此选题的关键在于主题明确，内容集中，重点突出；同时，要和数据材料高度契合，做到论据支撑、论证有力、论点清晰。如果选题过于宽泛，但缺乏有支撑性的数据和资料，就会给人一种“戴大帽”的感觉。

（二）数据要厚实

与进度分析有所不同，专题分析对所需的统计资料要求更高，要有足够的“长度”“深度”和“广度”。在分析过程中，每个观点必须要有数据或实例的支撑，避免泛泛而谈、概念模糊，或者是堆砌重复数据。同时，我们还要善于取舍，对于没有数据和实例支撑的观点果断放弃，面对资料丰富的情况则要浓缩精华，择优而用。

（三）分析要深刻

专题分析对于主题的剖析要尽量做到深入挖掘、条分缕析。在分析方法的使用上，专题分析比较灵活，可以是常见的分析方法，如对比分析法、因素分析法、时间序列分析法等，也可以应用计量模型进行建模分析，其目的在于利用科学的分析方法对统计资料进行深挖细究，做到分析要有深度、有力度、有角度，切忌蜻蜓点水，浅尝辄止。

（四）建议要可行

专题分析的政策建议需要具备科学性、针对性和可操作性。一是要通过科学的方法和客观的数据得出结论，避免主观臆断和凭空臆想。二是要针对提出的主要矛盾、具体问题、关键因素来提出相应的政策建议。三是具有可操作性，能够在实践中得到贯彻和实施，要有具体可操作性，而不是纸上谈兵，侃侃而谈。

四、专题分析案例

案例一：《居民收入水平较快增长 生活质量取得显著提高——党的

十八大以来经济社会发展成就系列报告之十九》。本文由国家统计局住户司撰写，收录于国家统计局发布的《党的十八大以来经济社会发展成就系列报告》。

1. 选题意义。党的十八大以来，以习近平同志为核心的党中央坚定不移顺应时代要求，推动高质量发展，不断促进人的全面发展、促进全体人民共同富裕，把人民对美好生活的向往作为奋斗目标，取得了举世瞩目的成就。总结党的十八大以来民生保障事业发展和人民生活全方位改善所取得的成就具有重要的意义。

2. 分析方法。本文主要使用了对比分析法和时间序列分析法，将2012—2021年居民收入增长情况进行对比，将收入增长情况与经济增长情况进行对比，将城镇与农村地区居民收入情况进行对比，将东、中、西和东北地区居民收入情况进行对比，全面展现了十年来全国居民收入水平不断增长、生活质量显著提高的趋势与特点。

3. 报告撰写。作为一篇成就分析报告，本文主题鲜明，观点清晰，分析全面。帽段奠定基调，点明十八大以来居民收入较快增长，生活质量稳步提升。第一部分具体介绍居民收入增长总体情况；第二部分通过对比分析阐述收入分配优化的成果；第三部分从消费水平、消费结构等层面分析居民消费能力增强、结构优化升级的积极变化；第四部分聚焦居民生活质量与生活环境，体现基础设施不断完善、基本公共服务均等化不断推进对人民生活水平提升的积极作用。

案例二：《提质扩容 挖掘潜力 进一步提升居民消费需求研究》。本文由国家统计局上海调查总队撰写，收录于《中国居民收支与生活状况报告2022》。

1. 选题意义。党的二十大报告提出，着力扩大内需，增强消费对经济发展的基础性作用。消费不仅是经济增长的重要基础，也是人民群众追求美好生活需要的直接体现。近年来，各级政府部门将恢复和扩大消费作为重点工作，持续出台各类促消费政策。本文对居民消费需求进行深入分析,为进一步挖掘居民消费潜力、提升消费水平提供了可靠的政策依据。

2. 分析方法。本文在常规的对比分析法基础上,创新运用了弹性分析和生命周期分析的方法。从时间弹性和空间弹性两个方面,参考产品生命周期中的引进、成长、成熟、衰退四个阶段,将消费分为基本型、成熟型、成长型和潜力型四个类型。然后将上海2011年与2021年的八大类消费按照该方法计算出消费弹性,并归入相对应的坐标系中,通过对比各消费类型与指标的弹性变化,分析居民在十年间消费的变化特点。

3. 报告撰写。本文结构分明,逻辑清晰,分析深入,内容翔实。开篇第一部分作为引入,简要阐述了对居民消费展开专题分析的重要意义;第二部分进入方法介绍,作为主体部分,以较为精练的语言介绍了弹性分析与生命周期的概念,梳理上海居民消费的分类情况,对各个类型的特点进行分析,并对消费的变化趋势进行总结;第三部分在分类分析的基础上结合居民思想观念变迁、社会生活方式变革等一些背景因素进一步挖掘了扩大上海居民消费需求的重点与难点,对整个主题进行了更深层次的分析;第四部分承接上文的分析结果,提出具有针对性的政策建议。

案例三:《党的十八大以来湖北农民工就业质效双升》。本篇文章由国家统计局湖北调查总队撰写。

1. 选题意义。农民工群体在中国经济发展中扮演着重要角色,是推动国家现代化建设的重要力量。近年来,国务院相继出台《保障农民工工资支付条例》《关于进一步支持农民工就业创业的实施意见》《关于开展“城暖农民工”服务活动的通知》等一系列文件,为农民工就业和权益提供政策保障。本文以农民工就业为主题,深入分析湖北省农民工群体规模、就业状况、收入水平、生活质量等变化情况,契合民生重点和政策热点,具有重要的现实意义。

2. 分析方法。本文主要使用时间序列分析法、对比分析法,整理了党的十八大以来湖北省农民工监测和农民工市民化进程动态监测调查数据,对湖北农民工数量及增长走势、外出农民工流向分布和农民工从业行业分布进行量化分析,得出农民工总量平稳增长、就地就近从业的意愿较强、就业质量提升、收入快速增长、幸福感不断增强等数据支撑有力、逻辑论证清晰的研究结论。

3. 报告撰写。本文主题鲜明、框架清晰、数据翔实、论证有力、结论明确、对策可行,是一篇规范、完整、较高质量的专题分析。文章第一部分从年龄、文化程度、总量变化、从业性质等维度来归纳湖北农民工的基本特征;第二部分围绕主题的核心内容,对农民工的从业行业分布状态、工资收入增长情况等进行多视角深入分析;第三部分从生活质量的改善、教育和文化的优质供给、城市融入的加深这三个维度来分析进城农民工"幸福感"提升情况;第四部分针对促进省内农民工群体高质量就业提出政策建议,具有较强的可行性。

第四节　选题调研

开展选题调研是统计调查工作的重要组成部分,是发挥调查队系统轻骑兵作用的重要体现。选题调研可以是参与国家统计局重点选题调研和地方党政部门委托的专题调研任务,也可以是自主选题开展。选题调研聚焦党中央、国务院出台的各项重大决策部署落实情况,能够高效快速反映民情民意,为党中央、国务院及各级党委政府提供决策参考。

一、如何做好选题调研

(一)开展选题调研的工作流程

1. 确定调研选题。选题是成功的一半,其重要性不言而喻。这一阶段的关键在于深度思考调研的目的,确保选题的合理性和必要性。题目选好了,就会事半功倍,发挥良好作用,否则,只能是隔靴搔痒,事倍功半，甚至是徒劳无益。在实际工作中往往有这样的情况：有的分析报告写作技巧不算很好，但是由于所分析的问题正是领导决策需要的，就能发挥很好的作用。

2. 制定调研方案。调研方案的内容，一般应包括调研的目的、调研内容、调研范围和对象、调研方法，需要搜集哪些数据和实例等。这一阶段，还需要结合实际情况确定调研问卷和访谈提纲等内容。

3. 搜集资料和数据。调研分析是建立在丰富资料基础上的加工提炼，不论是反映情况，还是揭示问题、提出建议，都需要数据支撑。因此，系统搜集和整理相关资料是调研过程中的重要环节，调研分析的准确性、时效性、广度与深度，都在很大程度上取决于此。在这一阶段，需要运用各种信息获取渠道，包括学术数据库、专业期刊、问卷调查、部门走访等，广泛搜集与调研主题相关参考资料和数据材料。针对不同类型的资料，需灵活运用归纳、分类等手段进行整理，对调研得到的数据进行快速而精准的分析，挖掘出隐藏在数据背后的规律和趋势。这种整合定性和定量研究方法的手段有助于全面而深入地理解调研主题，使调研结果更具说服力和可靠性。调研材料的使用需要进行审核和选择，要注意调研数据和佐证材料的真实性、时效性和代表性。同时，在收集调研数据的过程中，需要保障数据的安全性和隐私性，确保调研活动的合法性和透明性。这包括明确告知受访者调研目的、保护个人隐私信息，以及在数据处理过程中采取有效的安全措施，确保数据不被滥用和泄露。

4. 撰写调研报告。调研报告应做到结构清晰、层次分明、观点鲜明、重点突出。一般来说，调研分析报告应包括简要情况说明、根据统计资料开展分析（指出取得的成绩、存在的问题、面临的困难等）、提出政策建议。在撰写调研报告时，需语言精练、逻辑严谨，表述准确。同时，对于表格、图表等形式的陈述，要注意清晰易懂，以增强报告的可读性。

（二）如何做好选题谋划

选题要注意"关注点、矛盾点、发生点"，在党政领导和社会各界比较关注的热点问题中找题目，在影响较大、讨论较多、争议较多的难点问题中找题目，在新情况、新问题和新趋势中找题目。

1. 围绕方针政策选题。研究经济社会发展中的新苗头、新动向和新情况，为制定新的政策提供依据；研究政策贯彻执行情况，反映新成就、新经验；研究政策执行中的新问题，分析原因，提出建议，为完善政策提供依据。例如，县域农民工市民化、巩固拓展脱贫攻坚成果同乡村振兴有效衔接的问题等。

2. 围绕人民生活选题。密切关注人民群众现实生活中的急、难、愁、盼问题，真实反映人民群众的诉求和期盼。例如，低收入群体增收面临的困难，人民群众在养老方面的期盼，易地扶贫搬迁群众生产生活存在的问题等。

3. 围绕社会热点选题。社会的发展永远在变化，我们可以从日新月异的社会变革、不断涌现的社会热点话题以及社会发展趋势中寻找选题，例如，农民工欠薪、关注农村留守儿童、农村人居环境整治等。

（三）如何设计好调研方案

1. 明确调研目的。要紧扣调研选题，明确调研目的及调研方向，厘清想要在调研中了解的情况、问题。

2. 明确调研对象。根据调研目的，选取调研对象。调研对象的选取要具有代表性、典型性，同时也要兼顾特殊情况。可以分层选取调研对象，如果调研对象不够丰富，容易造成情况掌握不全面、不准确，导致代表性不足。

3. 明确调研方法。调研的主要方法有走访调研（部门走访和个别走访）、召开座谈会、实地调研、查阅资料、问卷调研、电话调研等，实际操作中，通常不会使用单一的调研方法，而是根据实际情况综合使用。

4. 合理设计调研问卷。问卷调研是获取大量数据的有效手段，通过设计科学合理的问卷，能够广泛而系统地了解群体的态度、看法和行为。设计问卷时，要保证问卷上的问题都是必要的，所设问题应该是被访者所了解的,并使用通俗易懂的语言进行表述。

一是设计问卷时,需要考虑题目类型的选择。问卷调研中的题目可以分为单选题、多选题、填空题、评分题、开放题等,不同的题目类型适用于不同的研究目的和受访者群体。一般来说,除了需要收集更多开放信息以外,尽量用选择题代替填空题,以便后期能更好地进行数据分析。

二是要根据受访者的群体特征、文化特征等选择合适的表述方式,避免出现由于受访者对题目理解偏差而影响问卷调研结果可靠性的情况。同时,还应避免使用双重否定和有歧义的表述,这些问题会使被访者感到困惑,并最终导致错误答案。

三是需要考虑问题排列次序及逻辑关联。通常来说,一份思路清晰的问卷,问题排列顺序应该合理通顺,让被访者一看就能理解。适当的跳题逻辑可以帮助我们更好地收集数据,并防止受访者填写无关紧要的问题,但需要注意避免在问卷中设计过多的逻辑跳转题,太多的逻辑跳转会加大后期数据分析的难度,同时也容易导致问卷设置出错。

避免主观偏见。在设计问卷时,需要明确问题界限,注意避免主观偏见,注意语言表述的客观性和中立性,尽量避免使用带有明显倾向性的词语,避免引导暗示。

注意题干设置。题干内容应通俗易懂,不要使用专业术语,尽量符合日常用语,题干设置不宜过长,应简洁明了。

用词准确通俗。问卷中的用词要清楚明了,含义准确指向明确。比如问到"您家家庭经营收入是多少",经营收入具体是指扣除成本后的净收入还是毛收入,此处用词应该准确,使被访者在设定的区域内给出自己真实的回答。

考虑问卷长度。在设计问卷时,需要考虑问卷长度,答卷时间应在被访者可接受的范围内。问卷过长会影响该受访者的回答积极性,而过短则可能无法充分了解所研究的问题。

注重特色挖掘。问卷设计要结合本地情况,体现当地实际情况。例如县域农民工市民化，东部地区、中部地区和西部地区就可能面临着不一样的困难和问题。

另外，调研问卷标题和导语要写清楚调研的目的和范围，增加被访者的兴趣和责任感，同时要写清楚自己的单位，体现调研的正规性并消除被访者的疑虑。问卷结束一般需要表达对被访者的感谢。

（四）如何撰写好调研报告

1. 标题。就调研报告而言，好的标题应做到确切、简洁、新颖。确切，标题要准确概括调研分析报告的内容，做到题文相符。简洁，标题要精练、扼要、通俗易懂，以尽可能少的文字来概括全文的内容。新颖，标题要不落俗套，具有鲜明的观点和独特的风格。

常见的标题拟定方式：一是以分析目的为标题。这是调研分析标题最基本的形式，如《成渝地区双城经济圈区域间居民收入差距比较分析》；二是以主要论点为标题。如《当前物流业经营压力加大》《部分地区出现不同程度耕地撂荒现象》；三是以主要结论为标题。如《家庭装饰装修市场回升明显 市场无序竞争限制行业发展》；四是以新颖的方式提出标题。适当运用比喻、疑问等修辞方式，如《农业用工存在四大问题 产业发展谁来接棒？》《政策“及时雨”密集，企业仍感“不解渴”》《“赶时间的人”没有四季——2023年四川外卖小哥生存现状调查报告》等。

2. 结构和正文。调研报告的结构应当清晰有序，每一部分的内容都应当承上启下，形成一个逻辑紧密的整体，确保读者能够迅速把握调研的核心内容和观点。首先，调研报告帽段的撰写要短、要精、要新，要为全文的展开理清脉络，提纲挈领，对调研的基本情况和主要观点进行简要介绍。

调研报告的主体是对调研得来的事实和有关材料进行叙述，对所提出的观点进行综合分析和阐述，对调查研究的结果和结论进行说明。正文的结构有不同的框架，按照内容表达的层次组成的框架有：“情况—成果—问题—建议”式结构，多用于反映基本情况的调研报告；“成果—具体做法—经验”式结构，多用于介绍经验的调研报告；“问题—原因—建议”式结构，多用于揭露问题的调研报告。在撰写过程中，要利用统计部门的优势，从数量方面来表现事物的规模、水平、构成、速度、质量、效益等情况，并注重数据和案例相结合、定量分析和定性分析相结合。

调研报告结尾的政策建议要有针对性和可行性，不要泛泛而谈。要注意紧密结合调研报告中问题部分的阐述来提建议，政策建议不是凭空想出来的，而是在深入分析问题的基础上呼之欲出。政策建议的要点要与前面的问题剖析一一呼应起来，切实做到具体可行，真正为各级党委政府制定和完善相关民生政策提供有价值的参考。

二、选题调研案例

案例一：脱贫人口就业增收情况调研。

1. 选题思路。2020 年，中国脱贫攻坚战取得了全面胜利，但由于多方面原因，一些脱贫人口存在返贫风险，一些边缘人口存在致贫风险。2023 年中央一号文件明确提出“坚决守住不发生规模性返贫底线”，如何做好脱贫人口就业增收问题，防止返贫情况发生，是各级党委政府重点关注的问题。开展脱贫人口就业增收问题调研，旨在深入分析脱贫人口就业增收面临的困难问题和返贫风险，提出对策建议。

2. 方案设计。开展调研前首先要明确本次调研目标，确定调研提纲，提前规划好想从本次调研中获得哪些信息，制定调研提纲或问卷，选择合适的调研方法，使调研过程更加高效和准确。

一是明确调研目的及调研对象。根据选题，本次调研主要是为了了解脱贫人口就业增收情况、政府帮扶情况以及在就业增收中面临的困难问题。调研范围应为有脱贫地区的市州，调研对象包括县级相关部门、村委会相关人员、脱贫户等。

二是明确调研方法。本次调研不仅需要了解脱贫人员相关情况，还要了解政府对脱贫人口就业帮扶情况。因此调研方式选择问卷调研和座谈走访两种形式。一方面依托住户调查平台，采用扫描二维码的方式开展问卷调研；另一方面由调查员实地走访、座谈相关部门及调研对象。

三是确定访谈提纲。本次调研将访谈提纲根据调研目的分为三类。第一类是县级访谈提纲，主要目的是了解该地区脱贫人口就业增收的整体情况，可以从全县整体促进脱贫人口就业增收情况设置问题，如“本县在促进脱贫人口就业方面主要采取了哪些最新针对性措施？”“您认为本县在促进脱贫人口就业增收方面存在哪些突出困难？”等；第二类是村级访谈提纲，相比于县级提问应该更具体，同时应将重点放在对于政策落实执行方面，如“本村以工代赈项目主要是什么产业？吸纳就业人数是多少？就业人员收入如何？”“本村是否向脱贫人口提供公益性岗位？”等；第三类是脱贫户访谈提纲，可以以拉家常的方式同调查户进行交谈，了解就业增收更加详细的情况，如“您家享受过哪些就业服务？”“您家在就业增收上面临的主要困难是什么？”等。

四是设计调研问卷。根据调研目的进行问卷设置，本次调研问卷设计分为以下两个部分。第一部分是家庭基本情况，如家庭人口、就业情况、收入情况等。第二部分为就业增收情况，如获得帮扶情况、开展培训情况、自主创业情况、就业面临的主要问题、建议意见等。在设置问卷时需要考虑问题排列次序及逻辑关联，防止跳转设置错误或者问题排列不合理，导致问卷不通顺。以本文为例，“您家享受过哪些就业服务？”与“您认为您家享受的就业服务效果如何？”两个问题提问顺序不能颠倒。“您家享受过哪些就业服务？”（可多选，最多选 5 项），在设置此类多选题时要考虑各个选项互相独立，不要出现选项之间存在重复或遗漏的情况，以确保被调查者的回答准确、完整。

3. 数据分析及撰写调研报告。通过收集到的问卷信息以及相关访谈记录，形成一篇有数据支撑、结构严谨、层次分明、条理清晰的调研报告。以本文为例，第一部分是总体情况，介绍脱贫人口就业增收的总体情况；第二部分是存在的困难和问题，包括就业技能培训覆盖不广、自主创业比例不高、帮扶车间吸纳就业能力不足、公益性岗位待遇不高和脱贫劳动力就业稳定性不强；第三部分是政策建议，与前面提出的问题相呼应，提出优化职业技能培训、增强自主创业信心、加大就地就近就业保障力度和强化就业稳岗服务等四条建议。

案例二：大龄农民工现状调研。

1. 选题思路。随着老龄化社会的到来，大龄农民工情况备受关注。近年来城市化进程加速，曾经为城市发展做出巨大贡献的农民工，晚年可能正面临困境。为了解大龄农民工就业收入、生活、就医、养老、权益保障等方面面临的现实困难和突出问题、产生原因，以及由此可能引起的潜在社会问题及风险，进而提出有针对性的对策建议，特选择该主题进行调研。

2. 方案设计。

一是明确调研目的及调研对象。选题确定为大龄农民工现状调研后，调研目的和调研对象基本就确定下来了。调研对象限定在大龄农民工这个范围内，即 50 岁及以上的农民工，调研对象可以在调查户范围内选取，若实际操作过程中样本量不足，也可以不限于调查户。根据选题，调研目的主要是了解大龄农民工就业收入、生活、就医、养老、权益保障等方面面临的现实困难和突出问题。

二是明确调研形式。要了解大龄农民工的就业收入、生活、就医、养老等现实情况，既要了解他们个体各方面的情况，也需要了解大龄农民工的整体情况，还需要搜集一些鲜活资料和案例。因此，调研形式确定为问卷调研和走访调研相结合，其中走访调研的对象包括相关部门、村干部以及个别大龄农民工三部分。

三是确定访谈提纲。根据访谈对象的不同，可以设计不同的访谈提纲。走访政府部门，主要目的是了解本地大龄农民工的整体情况，因此问题可以集中在政策方面，如“当地政府是否针对部分行业出台了就业年龄限制的规定”“针对大龄农民工就业问题，当地政府是否出台了相关政策促进、帮扶就业”“针对大龄农民工医疗、养老和权益保障等问题，当地政府是否有出台相关政策”等；走访村干部，主要目的是了解当地大龄农民工的具体情况，比起针对部门的提问，问题可以更具体一些，如“村里大龄农民工存在哪些突出困难”“对于早些年外出打工的大龄农民工，返回村内之后，生活是否适应”“村集体对于村里大龄农民工在哪些方面提供保障，是否能提供一些公益性岗位”等；走访个别大龄农民工，主要目的是掌握鲜活资料和案例，因此可以根据调研目的，问一些更开放式的问题，如“在哪里就业、目前遇到的最大的困难是什么、对今后的就业养老等方面是否有信心、最希望得到哪些政策上的支持”等。

四是设计调研问卷。根据调研目的，本选题的问卷可以分成几大部分。第一部分，基本情况，如性别、年龄、学历等，以便后期针对不同群体进行分析，并保证样本的均衡性；第二部分，就业收入相关情况，主要是目前工作情况、工作动力、行业、地点、收入、存在问题、今后打算、政策期盼等，还可以结合当地重点关注内容设计问题，如添加一些和欠薪相关的问题等；第三部分，医疗、养老保障相关情况，主要包括医保社保购买情况、是否存在工伤职业病、单位工伤赔付政策、医疗养老资金来源、医疗养老担忧、政策期盼等；第四部分，生活情况，主要是自己对生活状况的满意度、日常主要经济负担(购房、子女婚嫁、人情往来)等。

3. 数据分析及撰写调研报告。根据收集上来的问卷结果、访谈记录和具体案例，通过汇总分析、分类分析、交叉分析等手段，结合具体案例，撰写调研报告。根据情况，可以将内容合在一起撰写一篇整体情况报告，如《大龄农民工状况调研报告》；若收集到的资料足够扎实，也可以将内容进行分类整理，撰写多篇调研报告，如大龄农民工就业篇、养老篇等。

第五节　模型分析

在住户调查分析中，模型分析也是一种常见的分析类型。模型是一种比较好用、但不容易用好的分析工具，一个科学合理的模型能够极大增强分析材料的专业性和说服力。从住户调查工作实践来看，目前模型分析的应用场景，一般是在建模大赛、课题研究等方面。本部分简述了在住户调查中如何做好模型分析，并以国家统计局定期组织的全国统计建模大赛为案例进行剖析，希望能引起读者对于建模分析的兴趣，并为其在今后的建模实践中打下一定的基础。

一、如何做好模型分析

（一）开展模型分析的一般工作流程

由于研究方向、研究基础和研究条件等不同，模型分析在流程上没有一定之规，主要有文献资料收集、整理数据、构建模型、定量分析、撰写报告等工作。模型分析是一个系统工程，很难单打独斗完成。一般建议组建一个 3 人以上的课题组。在组建团队时，可以选取有较好专业背景和不同擅长领域的成员，通过团队的多样性来提升团队的创造力。随后，可以根据研究需要，将团队成员进行合理分工。在后文的案例中，不再对此步骤进行单独介绍。组建一个合适的研究团队是搞好模型分析的基本前提，在正式组建团队之后，大致有以下流程。

1. 明确主题，找准方向。拆解主题是开展模型分析的第一步。一个好的切入口应当至少具备以下几个特征：首先是要有现实性，重点关注党中央、国务院重大决策部署和国计民生等领域的重点问题；其次是团队成员（至少部分成员）应当在此方面具有一定的专业基础，不至于从零开始；最后是在切入口的相关领域中最好已经积累了前人的一些基础性成果，了解相关数据特性，可以作为模型分析的参考和依据，在需要时还可以此对模型效果进行评价。

2. 前期研究，设定框架。在这个阶段，应当基本确定模型分析的理论框架和研究思路。首先需要收集相关理论资料，组织团队成员开展学习和讨论，做好课题研究的知识储备，奠定课题研究的理论基础，形成对研究内容的基本共识。这一步骤的关键之处在于,模型的"工具"需要理论的"大脑"来驱动,没有理论指导的模型是机械的、缺乏灵魂的,也无法用于准确分析和判断经济社会现象。在设定模型的初步框架时,可以直接采用前人已有的结论,也可以根据团队成员的实践经验或前期研究经验设定。值得注意的是,在一些探索性的研究中,还可能存在事先无法确定模型框架的情况,则可以在对数据进行整理、分析之后,观察数据特征后再进行设定;也可以采用多种可能的框架进行模拟,从中选择模拟结果最好的形式。

3. 整理数据,测算调试。这是模型分析中较复杂的流程之一。在设定模型的基本框架后,就要开始整理模型所需的数据。整理数据通常包括数据的收集、评估、预处理等环节。从住户调查实践来说,模型数据的收集主要可以利用住户调查各个调查项目的微观数据,也可以利用有关统计数据、行政记录数据,还可以探索利用大数据;在条件允许的情况下,可以通过专题调研补充收集有关数据,如使用德尔菲法收集专家建议等。完成数据收集后,需要从数据的准确性、协调性、一致性、可比性、完整性等方面进行质量评估,并根据评估结果来确定数据预处理方法。数据的预处理指通过清洗、修复和转化等过程,使数据达到准确、标准、完整的质量目标。在数据预处理的全过程中,需要反复地对数据质量情况评估,以调整预处理策略。如果通过多轮的处理和评估,数据质量仍无法达到要求,则应当考虑调整模型框架,或收集、补充新的数据。

4. 建立模型,测算估计。这一过程实际上就是根据设定好的模型框架,将整理好的数据"填充"进模型之中,让模型"撑起来"、观点"立起来"。模型的建立和测算估计是模型分析的核心技术,随后再结合案例进行具体介绍。

5. 评估模型,检验结果。模型的评估应当同时从理论层面和技术层面进行评估。在一些情形下,有的模型虽然能得出比较好的结果,但是这种结果也可能仅仅是在某种条件下的"数据上的耦合",并不具有理论价值。另外在技术层面，应当运用统计方法对模型的科学性和可靠性进行检验和判断。因此，必须通过经验和理论对模型在经济意义上的合理性进行评估，如果所估计的模型违背常识或基本原理，则应设法从模型设定、模型方法、统计数据等方面找出原因，并采取必要的修正措施。

6. 应用成果，形成观点。在住户调查工作中，建立模型往往不仅仅是为了验证某种理论，更重要的是要能够服务于经济社会实践，形成明确观点，并据此提出决策参考依据。住户调查模型分析的成果主要集中在四个方面。一是检验，如通过模型运行结果来检验民生发展状况是否符合预期。二是分析，如利用模型分析影响居民增收的主要因素。三是预测，如利用模型来预测未来几年共同富裕的发展进程。四是评价，如利用模型来评价和比较不同政策之间的优劣。

（二）做好模型分析需要的知识和技能

在住户调查实践中，模型分析主要需要掌握以下五类知识：

1. 马克思主义和党的基本理论。包括马克思主义政治经济学和习近平新时代中国特色社会主义思想等，重点掌握习近平经济思想中有关共同富裕等方面的重要内容。

2. 经济学基础理论知识。包括宏观经济学、微观经济学等，重点掌握国民收入与分配、需求与供给、货币财政政策、失业、公共产品、一般均衡理论等有关内容。

3. 统计实务。重点掌握住户调查及相关统计调查业务的基本知识，如调查表式、抽样原理、调查方法、调查口径、指标定义等。

4. 数学和统计学知识。包括掌握线性代数、概率论与数理统计、假设检验和置信区间、回归分析、数据挖掘等方面的基础知识，重点要掌握矩阵乘法、特征值和特征向量、概率分布、期望、方差、协方差、假设检验、置信区间、线性回归、多元回归、时间序列分析等有关内容。

5. 计算机软件应用。建议掌握SPSS、Eviews、SAS、Stata、R、MATLAB等常用统计分析软件中的至少一种，并根据需要熟悉JAVA、

C、C++、R、Python 等相关的编程语言。

二、模型构建案例

案例一:《共同富裕的"橄榄核"测度——基于群体测度公理的中等收入群体发展质量指数》。本文是国家统计局安徽调查总队参加 2022 年(第八届)全国统计建模大赛的参赛作品,并获得大赛一等奖。

1. 主题拆解。本次建模大赛以"构建新发展格局的统计测度"为主题,在此基础上,参赛组深入分析了中等收入群体与共同富裕在新发展格局下的重要意义,选定"中等收入群体测度"作为研究主题。

2. 确定框架。在简明扼要的文件综述后,文章借鉴了首个公理化贫困测度指数——森指数产生过程及演化改进的丰富成果,从群体测度公理化方法入手,将贫困测度公理拓展为包括相关性公理、单调性公理、转移性公理、连续性公理、复制不变性公理在内的中等收入群体公理。并以此为基础,提出了"中等收入群体发展质量指数=群体规模×平均健壮率×发展平衡度"的公式,进行了较为清晰的几何解释,并确定了泛化计算方法。这也是文章的主要创新之处。

3. 整理数据。选用 2015—2021 年安徽住户收支调查数据,对"十三五"时期以来全省中等收入群体发展质量进行实证分析。其中,2021 年数据进一步分解为四类扩大中等收入群体的重点人群数据。

4. 建立模型。文章分别使用参数估计和非参数估计方法,对各期居民收入数据进行拟合,再通过拟合结果选择模型。一方面,使用 89 种经验分布进行参数拟合,优选出最适合的参数估计模型。参数估计是收入分布研究的典型方法,通过对先验的某种特定分布如正态分布、伽马分布、帕累托分布等分布函数的参数进行估计,获得该特定分布函数的具体形式。另一方面,使用核密度估计进行非参数拟合。核密度估计是非参数估计收入分布密度函数中常用方法,在多峰、波动等收入分布形态时,使用非参数估计的拟合效果好于参数估计。最后,根据各自拟合结果，优选确定某时期更适合的拟合函数。

5. 模型评估。对“优选法”选出的最适参数估计和核密度估计结果进行假设检验，并采用残差平方和（RSS）评估最适参数估计和核密度估计结果，以此确定各期收入分布模型。从结果来看，安徽居民收入分布的峰值收入逐年逼近中等收入区间，与安徽人民收入水平不断提高、进步明显的整体趋势基本吻合。

6. 成果应用。使用构建好的中等收入发展质量指数和中等收入发展质量曲线展开实证分析。通过指数的实证研究发现，安徽中等收入群体发展质量在上升阶段时，易受群体收入提高影响；而中等收入群体发展质量在下滑阶段时，则更易受到收入发展不平衡冲击。研究还发现，在扩大中等收入群体的四类重点人群中，技术工人的中等收入子群体发展质量低于进城农民工。

综上所述，文章借鉴拓展了公理化贫困测度指数——森指数，探索构建了中等收入群体测度指标（中等收入群体发展质量指数），并通过模型分析，评估了“十三五”时期以来安徽中等收入群体发展质量的主要状况。该文分析思路清晰，逻辑论证严密，理论功底扎实，模型运用合理，在两个方面尤其值得学习和借鉴。一是在理论基础的构建上，重点建构了理论模型并通过数学推导形成公式，在此基础上，充分利用建模这一计量工具对数学推导公式进行分析验证和评估，摆脱了“为了建模而建模”的机械主义。二是在数据的处理上，使用不同的模型来对数据进行充分测算，以数据拟合结果来选择模型，避免了为追求模型适配性而对数据进行过度加工的“削足适履”的常见错误。

案例二：《中国式现代化背景下湖南地区共同富裕水平测度模型构建与应用》。本文是国家统计局湖南调查总队参加 2023 年（第九届）全国统计建模大赛的参赛作品，并获得大赛二等奖。

1. 主题拆解。本次建模大赛以“中国式现代化的统计测度”为主题，在此基础上，参赛组深入分析了共同富裕对于中国式现代化的重要意义，选定“共同富裕水平测度模型”作为研究主题。

2. 确定框架。文章的核心在于指标体系的构建，通过梳理共同富裕的理论研究成果，结合中国式现代化五大特点，紧紧围绕习近平总书记对共同富裕的重要论述以及党的二十大报告，构筑了共同富裕水平测度指标体系。以人民富裕水平、成果共享水平、社会发展水平和社会保障水平为指标体系的四个一级指标，并在前人研究的基础上进一步明确了二级、三级指标。

3. 整理数据。一方面是利用公布统计数据，通过查找年鉴、统计公报等资料，整理出 2012—2021 年湖南省 14 个市州相关指标的面板数据，并对个别缺失数据进行插补，从而保证数据统一、完整。另一方面是利用开源数据资源，选取了来源于湖南卫星遥感影像的夜间灯光数据、来源于高德地图的 POI 兴趣点数据、来源于 2000—2020 年人口密度数据集的网格化人口数据和来源于全国省市县土地利用类型面板数据的土地利用数据。

4. 建立模型。三级指标体系的框架建立，意味着模型已有了定性的基础，剩下的建模主要步骤就是对指标赋以权重。常见的指标权重确定方法通常有层次分析法、德尔菲法、熵权法等。由于指标体系较为丰富，文章采用的是熵权 TOPSIS 法（简称优劣解距法）进行赋权和计算。熵权法通过计算各指标的信息熵，判断指标变异程度对整体的影响来确定权重。一般来说，熵值越大，表示指标变异程度越小，其权重就越小，反之，熵值越小，表示指标变异程度越大，其权重越大。TOPSIS 法是一种常用的综合评价方法，能够精准地反映各方案之间的差距。通过上述方法，最终构建的共同富裕水平测度体系，在一级指标中权重由高至低分别为人民富裕水平、其次是社会发展水平、社会保障水平和成果共享水平。

5. 模型评估。对全省共同富裕水平和 14 个市州共同富裕水平状况进行评估，得到的评估结果能够与现有理论和实际情况保持一致趋势。另一方面，利用开源大数据建立了五种机器学习模型，构建基于共同富裕水平测度指标体系的实时监测模型，通过机器学习模型的预测结果与传统熵权 TOPSIS 法进行交叉印证，以此评估指标体系的科学性。文章据此得出结论：各机器学习预测结果拟合优度情况较好，从趋势和最值上都与熵权 TOPSIS 法得出的评分结果一致，建立的共同富裕水平测度指标体系在统计系统公布的官方数据与多种来源的大数据下都能成立。

6. 成果应用。为了研究制约湖南 14 个市州共同富裕水平发展的关键性因素，文章引入因子贡献度、指标偏离度、障碍度 3 个指标进行分析诊断，结合各级指标对湖南 14 个市州共同富裕发展过程中的障碍度及障碍因子进行分析，并按照各级指标因素的障碍度大小进行排序，找出主要影响因子，分析得出最大障碍因子为金融机构住户储蓄金额，第二大障碍因子为人均图书馆藏书量。

综上所述，该篇材料的主要亮点有三：一是搜集多种来源的大数据，应用多种机器学习方法构建基于共同富裕水平测度指标体系的实时监测模型，为测度湖南省共同富裕水平提供量化工具。二是机器学习模型可以得到月度和县区级的监测结果，在传统数据缺失或宏观指标数据没有发布的时候，大数据分析方法可以作为传统分析方法的补充，为后续开展共同富裕建设提供实时帮助。三是可为其他与湖南省发展状况相似的省份提供参考，具有一定的延伸性。文章对于共同富裕测度有较为深入的理解，应用模型比较丰富，同时在大数据的使用方面也有着自己的实践和探索，值得学习。